JN300787

書く意欲を育てる作文指導

――ありのままの思いや暮らしを書き綴らせることの大切さ――

田中敏夫
Toshio TANAKA

本の泉社

書く意欲を育てる作文指導

――ありのままの思いや暮らしを書き綴らせることの大切さ――

田中敏夫

§　はじめに

本稿は二〇〇九年一〇月末に浜松市で開かれた第47回東海・近畿教育研究サークル合同研究集会の「生活綴方と教育」分科会で報告した内容を柱に加筆・修正したものです。(文中に引用している作文はすべて私が受け持っていた学級の子どもの作品ですが、既刊の著書に掲載している作文が含まれています)

くつとばし
二年　男

みんなでくつとばしをした。
右と左とまん中二つ。
ぶらんこにのってくつとばしをした。
一かいめは、
中西くんがとりにいった。
さゆうに
「スポン」

という音がした。
かしはらくんのくつが
ごみばこに入った。
わらってしまった。

この詩は「兵庫作文の会」の何年か前の研究集会の際、二年生の「飛び入り授業」でこの作品を印刷して子どもたちに配り、授業の最初に読みました。すると、読み終わるとすぐに子どもたちの大きな笑い声が起きました。子どもたちの暮らしの中にはこれに似た事柄がたくさんあり、情景がすぐに頭に思い浮かんだのでしょう。子どもたちは次々と手を挙げ、遊びの中で起きる面白いできごとを発表し始めました。

もちろん私はこの学級の子どもたちの前に立つのは初めてです。授業が始まり「こんにちは。私は田中敏夫といいます」と言って黒板に名前を書き、「今日はいっしょに作文の勉強をしましょう」と言って自己紹介をした時には、何となく固い雰囲気で子どもたちは緊張した面持ちで私の顔を見つめていました。しかし、最初にこの詩を読んだことでいっきょに学級の雰囲気が変わり、授業の雰囲気が楽しいものになりました。

このようにして子どもたちの発表に時間を割いた後、残り時間はわずか一〇分ほどでしたが、「それではみなさんも作文に書いてください」と言って用紙を配りました。するとどの子どもも例外なく短いながら作文を書いてくれました。子どもたちは書くことが頭に浮かぶと短時間で書きあげてくれます。誰一人

じないようです。

「書くことがない」と、書くことに抵抗感を示した子どもはいませんでした。上手に書く必要もなければ、何を書こうかと考える必要もない、ごく日常の暮らしの様子を書くのであれば子どもたちは何の抵抗も感じないようです。

子どもは本来、話したがり屋であり、書きたがり屋です。幼児でも親や周りの人にあれこれとたくさん話をしに来ます。その話を聞いてやらねば機嫌を悪くしたり、やる気をなくしてしまったりします。また、無意識のうちに紙に絵や字を書いており、書き終わると見せに来ます。自分の思いを聞いてもらったり、見てもらうことによって満足感を得ているのです。この子どもの思いを大事に育てていくのが作文指導です。

戦前、教育が完全に国家の統制のもとにおかれ、まったく自由が奪われていた中で心ある教師たちの手によって興された生活綴方教育運動は、子どもたちの幸せを願う教師の熱い思いによるものでした。戦後、この世界に類を見ない、優れた教育遺産を受け継ぎ発展させようと一九五〇年「日本作文の会」が結成されました。私が勤め始めた神戸でも一九五三年「神戸作文の会」を発足させ活動を始めました。

「神戸作文の会」が活動を始めた当時はまだ戦後の混乱から抜け切れておらず、貧しさのあまり長期欠席になってしまう（現在の不登校とは状況や理由が違っている）子どもがいるような中で実践を始めましたので、心ない人たちから私たちの実践を称して「貧乏作文を書かせている」と言われていました。しかし、私たちは「子どもたちの心に灯りをともす実践だ」と自負していました。

ところで今、物が豊かに有り余る中で格差が広がり「貧困」が広がっています。この「貧困」は物質的な「貧困」だけでなく精神的な「貧困」も同時進行しています。私は今また、「子どもの心に灯りをともす生活綴方運動」を盛んにしなければならないと思い、本論を書きました。

ところで、本論に引用している作文の中には文章が乱れているものや、同じことばが繰り返されているものなどがあり、決して磨かれた表現力で綴られているものではありませんが子どもの思いは読み取って頂けると思います。

目次

§書こうとしない子ども、「書くことがない」という子どもを大切に

子どもたちの中には「書くことがない」とか「作文は嫌いだ」などと言って書こうとしない作文嫌いの子どもがいます。しかし、このような子どもこそ大切に接してやりたいものです。

私は書きたがらない子どもに「作文を書くように」声をかけたことがありません。しかし、毎年、一学期が終わる頃になると何人もの子どもが「先生、作文書こうな」と言ってくるようになりました。

私は毎年、特に学年はじめには教室であまり活発に活動しない子ども、作文を書きたがらない子どもが休憩時間など、どのように過ごしているか注意して見るようにしていました。そして、廊下で出会った時やちょっとした授業の合間に「○○君、鉄棒の練習してたな。うまくなったか」とか、「池の鯉、どうしてた」などと、できるだけ多く声をかけるようにしていました。

また、授業を始める前にいっしょに遊んでいた子どもたちのことにも触れながら「○○君、ボール蹴るのうまいな。シュート入ったか」とか、「砂場で大きな山作って、深いトンネル掘ってたなあ」などと声をかけるのです。すると、短い時間ですが子どもたちの間で遊びの話題が広がります。こうなるとしめたものです。そうこうしながら子どもたちに「面白い遊びにどんな遊びがあるか」などを発表させたり、「遊びの募集」ポスターを作らせて掲示させたり、面白かった遊びの場面などを教室の後ろの黒板に書かせた

りします。このような活動は不思議と作文を書きたがらない子どもが思わぬ積極性を発揮してくれます。そうこうするうちにやがて書くことに抵抗感が和らいできます。

作文指導は、作文嫌いの子どもが無意識のうちに過ごしている自分の暮らしに気付かせることから始まります。作文を書きたがらない子どもの暮らしが学級の子どもたちの話題に上り始めると、不思議と作文嫌いが解消するだけでなく、作文好きに変わっていきます。

＊「一行作文」から始まる作文指導

○子どもの偽らない気持ちに寄り添って

「まい日しゅくだい　いやや。」　三年　女

「運動場で西倉にどつかれた。はらたつ。」　四年　男

「いやじゃ、作文なんか。」　四年　男

「私は算数がにがてです。算数と聞いただけでいやになります。算数がなかったらいいのに。」　四年　女

作文の中からこのように単刀直入に「いやな思い」を書いた一行作文が出てくるとこれがチャンスです。

しっかりと受け止めてやらねばなりません。私はこのような一行作文を大切にし、「〇〇君は正直に自分の気持ちを書いてくれました。このように正直に自分の気持ちを書いてくれた作文がいい作文です」と言って褒め、学級の一枚文集にも「正直に自分の気持ちを書いてくれた作文はよい作文」と題して載せていました。学級で発行する一枚文集は、子どもたちの優れた作品を紹介するだけではあまり用をなしません。作文を書くことに抵抗感を持っている子どもほど、作文に対する固定観念を持っており、自分の暮らしや思いを素直に綴ることだとは思っていません。この子どもの胸に詰まっている思いをほぐしてやらねばなりません。

◦このような「作文」が出てくるともうしめたもの

「きのうかなえちゃんとあそびました。じてんしゃであそびました。」　三年　女

「鳥のかごを見ていたら、鳥のかごがきちゃない（汚れている）から、おねえちゃんとかごをあらいにいきました。」　三年　男

「きのう、ちょうちょのさなぎを見つけた。モンシロチョウのさなぎを見つけた。そのよこに、ちょっときいろいモンシロチョウのたまごがあった。」　四年　男

もうここまで書いてくれると言い分はありません。「自転車遊び面白いか。どこで乗ったんかな」「裕君、鳥のかご洗ってくれたん。感心やなあ」などと声をかけます。もちろん、書いてくれた文に論評を加えません。

また、モンシロチョウの卵を見つけてくれた子どもには「すごい、モンシロチョウの卵まで見つけている。卵を見つけるのは難しい。いい作文を書いてくれました。後ろの黒板に書いといて」と声をかけると、子どもは喜んで黒板に書いてくれます。すると、それだけに終わりません。子どもたちの中から次々といろんな場所で目にしたチョウやバッタのことを私に伝えに来ます。しめたものです。そこで、どこでどんな虫を見つけたか、どこでどんな遊びをするか等を後ろの黒板に書かせたり、少し大きな紙に書かせて掲示させます。すると、学級内でいろんな話題が広がっていき、学校内だけでなく街中で見つけたものにまで広がり、バス停に人が多い時間帯やお店の様子、町工場の様子などを伝えてくれる子どもまで出てきます。そのため、すぐに黒板が一杯になりますが不思議なものです。私が書いたり掲示したものはあまり子どもたちが注意して見てくれませんが、子どもたちが書いたり掲示したものはとてもよく見てくれます。そのため、短時間で消して書き直したり、掲示し直してもあまり見落とされることがありません。他の学級の子どもまでが知らせに来るようになりました。

作文の題材は、子どもたちの暮らしの中にあふれています。だからこそ、子どもはおしゃべりしたがり屋なのです。次の作文は少し長く書き始めています。

先生とあそんだ　　　二年　女

先生とひっつき虫をした。
わたしとふじいさんとひっつき虫になって、

先生がはっぱになって、
先生にひっついた。

この作者は、友達ができず休憩時間はいつも独りでいた子どもです。友達がいないために休憩時間に私が教室にいると決まって私のそばへやってきました。そこで私はこの作者といっしょに運動場に出ました。すると私のそばへ子どもたちが寄ってきていっしょに遊びました。それがよほど嬉しかったに違いありません。この作文は、作文の時間に書いたものではなく、ちょっとした合間に書いて私の所へ持ってきたものです。

このように友達とうまく遊べない子どもも、一度いっしょに楽しく遊べると、またいっしょに遊び始め、いつしか友達といっしょに遊べるようになっていきます。一週間ほど後、この作者はまた次のような作文を書いて持ってきました。

つりわ

つりわをしていたらさかぐちくんがきゅうにわらかしてきました。
「わらかさんといて。」　※　わらかさんといて＝笑わさないで
とわたしはいいました。それでもわらかしました。

このように作文をどんどん書き始めるともう安心です。作者は「わらかし」に来た阪口君に「わらかさ

んといて」と言ってちょっと反発はしていますが、友達がいなかった作者にとっては、いっしょに遊べるようになったのが嬉しかったに違いありません。だからこそ作文を書いて持ってきたのでしょう。

ありの　　　　　　　　　　　　　　　　　二年　男

てつぼうのうしろにありがいました。十ぴき一れつにならんであるいていました。ありはすにもどっていきました。ありが一ぴきおそかった。

この「あり」を書いた作者は、少し身体に障害があり運動が苦手で独りで遊んでいることが多かった子どもでした。一匹、遅れて歩いているアリに心を寄せているのは無意識のうちに自分の姿と重ねているのかもしれません。子どもの作文は短いことばの中に自分の思いを凝縮させています。私は作者に「アリが一匹遅かったん。よう見てたね。よう見てもらってアリも喜んでいるよ」と声をかけただけですが、作者はにっこりとしていました。

子どもの作文は、子どもの暮らしや思いが素直に綴られているところに素晴らしさがあります。こうした一行作文や短い作文を大切に扱い、子どもに共感のことばをかけてやりたいものです。子どもは自分の思いが表現できた時、とても喜びを感じています。

§　子どもがありのままの暮らしの様子を作文に書き始めると学級の雰囲気が変わってくる

いそがしい日　　四年　女

「ああ、しんどい。」

わたしは今、学校の帰り道。

わたしは、いそいで学校から帰りました。信号が赤なので待っていました。でも、待っている間、いらいら、いらいらしていました。なかなか青になりません。「まだかなあ」と、いっているうちに青になりました。信号をわたったら、近くのおばちゃんに声をかけられました。でも、またすぐに行き、家に帰るとお母さんがいました。

「ただいま。」

といって、すぐにお茶をのみました。すると、お母さんが、

「歩ちゃん、きょう習字のおけいこがあるよ。」

「うん、しっとう。きょうそろばんもあるねん。」

と、わたしはいいました。

また、すぐにつくえの前にきて習字道具を出し、すぐに行きました。

はん紙をもらって、すぐ書き始めました。

初めの方はふつうに書いていました。「後、何枚かな」と、わたしが見ると三枚しかありません。「そうだ」と思うと、きれいに書こうとして、ゆっくり書きました。

そして、終わって走って帰り、

「ただいま。」

といって、習字道具をおいて、そろばんの道具を持つと、

「行ってきます。」

といって、走って行きました。

そろばんは、一時間少しかかってやっと終わり、また走って帰りました。

それからしゅくだいをして、時間割りを合わしたらごはんです。いそいで食べて五分ぐらい休むと、おふろに入って、こんどは三十分休みました。

三十分の間、ずうっとテレビを見て八時になりました。それからふとんに入り、「きょうはしんどかった」と思ったら、もう、ばったんきゅう。すぐにねました。とてもしんどい一日でした。


この作文自体かなり以前に書かれたものです。このように子どもたちが毎日忙しい日程に追われるゆとりのない生活を送り始めるようになってから、もうずいぶん年月が過ぎています。今では、これ以上に忙しい日程に追われている子どもが少なくありません。しかし、「このような状態は問題」だと感じている

子どもはあまりいないことでしょう。そのため、子どもがこのようなことを題材に作文を書くことはあまりありません。

私は子どもに作文を書かせる場合、何か理由がない限り課題を出すことはしませんでした。常に子ども自身が書きたいと思うことを自由に書いており、この作文も例外ではありません。しかし、このような作文が生まれてくると多くの子どもが日常生活の中から題材を見つけて書き始めるだけでなく、自分の思いを自由に書き始めます。

たたかれたわたし
二年　女

日よう日のあさ、おにいちゃんとわたしはけんかをしました。おとうとのとりあいでした。それで、わたしはいいました。

「それじゃあ、のりおにきこうよ。」

と、いいました。

「それじゃあきこか。」

と、おにいちゃんがいいました。わたしとおにいちゃんがいいました。

「のりお、のりお。」

と、いいました。わたしが
「おにいちゃんとわたしどっちがいい。」

と、いいました。のりおはいいました。

「あのね、二人とも。」

と、いいました。わたしがいいました。

「あのね、それはだめなの。」

と、いいました。わたしがいいました。

「もういい。じゃんけんできめよ。」

と、いいました。

「じゃんけんほい。」「あいこでほい。」

「あっ、おにいちゃん、あとなしや。」

と、いいました。

「あとなしちゃうわ。」

と、いいました。

のりおはおにいちゃんのみかたをしました。

「おかあさんにいうたるもん。」

「子どものけんかにおやだすな。」

と、おにいちゃんがいいました。わたしは、つねりました。

「いったあ。」

※　あとなし＝後出し

と、いいました。おにいちゃんが、
「やったなあ。」
と、いいました。おにいちゃんがたたきました。「パッシー」という音がきこえました。それで、
くやしかったけどがまんしました。

少子化で兄弟げんかも少なくなっていますが、子どもにとって兄弟げんかはよくあることです。そのため、この作文は一人子で兄弟げんかをしたことがない子どもでも「くやしかったけどがまん」したという作者の気持ちをしっかりと受け止めます。

こうして、子どもの暮らしぶりがどんどん出てくると「書くことがない」という子どもが減ってきます。学級の中で生まれてくる作文は、子ども同士の間で響き合っています。

いつもおこるお母さん

五年　男

朝、いつもおこられる。

「早よ服着い。」

や、

「早よごはん食べ。」

学校行くまで、ペチャクチャおこられる。ねぼうしておこられ、

「早く学校行け。」

いつもいつもおこられる。

学校へ行っても、先生におこられ、どこに行ってもおこられる。おこられないのは、ねてる時だけで、いつでもどこでもおこられる。

いつもおこられるのでいやになる。遊びつかれて帰ってくると、

「いつまで遊んどん。」

と、おこられる。朝から夜までおこられる。いつになってもおこられる。

「いややなあー。いややなあー。」

と、思ってもおこられる。朝、昼、夕、夜がいやになってくる。

ねる前になってくると、

「早くねなさい。」

と、どなるようにいう。

起きたら、

「早く服に着がえ。」

と、おこり、学校から帰ると、

「勉強しい。」

とか、ペチャクチャおこる。

家に入るとおこられているので困る。だが、たまにやさしいところもある。といって、いつも、

「後かたづけ。」

や、

「ごみすて。」

とか、おこられる。テレビを見ていると、

「早よごはん食べ。」

と、テレビのスイッチをけされる。ごはんを食べ終わってテレビを見ると、

「おふろ行き。」

と、おこられる。おふろから帰ってくると、

「早くねなさい。」

と、どなられる。

おきると、おこられる。

「顔あらい。ごはん食べ。学校へ行き。」

と、おこられる。

ゆっくりしたいなあと思った。

早く行っても同じだと思う。

おこったって、同じだなあと思う。

私はこの作文を「お母さん」ではなく「先生」と置き換えて読みました。私たち大人はよく子どもたちをせかせています。子どもが自分の思いを素直に表現してくれると私たち大人が反省しなければならないことにも気付かされます。また、子どもたちもこのような作文が出てくると自分の思いを安心して書くようになります。

しおコーヒー

四年　男

「井口君遊ぼ。」

と、小林君といっしょに言った。ドアを開けた。

「あっ、山口。先、来とったんか。」

山口君がマンガの本を見てすわっていた。

「宗和と小ばんか。上がれや。」


――中略――


井口君がコーヒーを作り始めた。後、さとうを入れるだけだった。

「宗和、ちょっと来いや。」

と、小林君が言った。山口君のコーヒーのほかはさとうを入れた。山口君のコーヒーに、小林君がしおを入れた。みんな笑いながら、コーヒーを配った。山口君が横目でにらんだ。

「おまえら、しお入れたんやな。」

と言って、追っかけてきた。部屋を逃げ回った。ベランダに来たとき、コーヒーをかけられた。ぼくは足に、井口君はせなかに、小林君だけかからなかったので追いかけ回した。

このようないたずらは決して奨励できるものではありませんが、子どもたちの日常生活の中ではこれに似たいたずらが繰り返されているものです。この作文は学級の一枚文集にも載せましたが、作文を作者が読み終わると（私の学級では一枚文集に載せた作文は、その作文を書いた子どもが読んでいた）笑いが起きましたが、まねをした子どもはいませんでした。子どもは大人が考える以上に判断力を持っているものです。

かめの運動会

四年　男

ぼくと山口君と末吉君とかめの運動会をした。ぼくのかめはクサガメだ。山口君のは小さいミドリガメ。

だい一回め。二つのえさをどのかめが早く食べるかがきょうそうだった。

山口君のかめは小さいから、えさをちぎってあげた。五回くらいで一このえさはなくなった。

末吉君がえさをあげると、山口君のミドリガメが末吉君のえさに飛びついて、末吉君のかめも飛びついて、引っぱりやいをしてみんなでわらいました。とちゅうでえさが切れました。ぼくのかめは、ひと口で一このえさを食べてしまいました。えさ食いきょうそうは、ぼくの勝ちになりました。

だい二回めは、泳ぎくらべです。ルールは、かめがしずんだ方が負けです。

山口君のかめと末吉君のかめを入れて、ぼくのかめは大きいので、ごみばこの中でしました。なかなか勝負がつきません。ぼくのかめは、しずもとしたけど、また上がってきました。末吉君のかめが、山口君のかめの上に乗った。山口君が、　※しずもとした＝沈もうとした
「おれのかめがつぶれる。」

と、うなった。山口君が末吉君のかめをのけた。

「もう、まっとくんしんどいなあ。」　※まっとくん＝待っているのは
と、いった。ぼくのかめを山口君のほうへ入れて、山口君のも、末吉君のも、ぼくのかめの下じきになって、ぼくの勝ちになった。点数は、2対0対0でぼくが勝った。

だい三回戦は、かめののろのろきょうそうです。

まず、みんなでれんしゅうを十分だけした。

れんしゅうが終わって、みんなでルールを決めた。この勝負に勝ったかめは10点になる。

「ようい、ドン。」

といって、家の中に入っていったから、かんけいなしになった。

今度は首をひっこめて走らないので水の中に入れた。やっと動き出した。

「やっぱり、しょうがい物にしよか。」

「どういうふうに作ろか。」

といって、大きい石を下から持ってきた。

「さあ、やろか。」

「もっとしょうがい物作ろうや。」

と、いった。

「どんなん作ろか。」

「トンネルも作ろか。」

といって、作った。

「やろか。」

といって、やった。

山口君のは、はんたいがわに行って負け。ぼくと末吉君のきょうそうだ。どちらも石をこえた。トンネルはどちらも入らなかった。末吉君のかめは、首をひっこめて走らなくなってしまった。勝負はぼくが勝った。点数は12対0対0で、ぼくの勝ちになった。


他愛のない遊びです。しかし、こうした他愛のない遊びを通して子どもたちは育っていきます。そして、こうした日常の暮らしを綴ることを通して自分の考えや思いをしっかりと綴ることができる力を培っていきます。

作文を書きたがらない、いわゆる作文嫌いの子どもは、「何を書いたらいいのか分らない」という思いを強く持っています。作文指導は、まず、書きたがらない子どものこの思いを解消することから始めねばなりません。「題材指導」や「表現指導」に力を入れる前に、子どもに「そんなことなら書ける、書くことがいっぱいある」と、感じ取らせることが必要です。そのためには、「どう書くか」「何を書かせるか」ではなく、後の章で詳しく述べますが、子ども自身に日常生活の中で喜びを感じ取ることができる体験をどのようにして味あわせてやるかが重要なことです。

このように子どもたちが何でも安心して作文を書くようになると、私のことも何の躊躇もなく作文に書き始めます。

ズッコケ！　先生

二年　女

どうとくの時間でした。先生が戸だなの中から本をとりだした。先生が、

「オットト」

と、声を出して、戸だなの戸をしめた。前にきて、

「べんきょうはじめるぞう。」

と、はりきっていった時、大山さんが、

「それ、社会の教科書やんか。」

と、いった。しゅんかん　みんなが、「ワハッハハ」と、大声でわらった。わたしが、

「ズッコケ先生やな。」

と、いった。

「それに、どうとくと社会、ぜんぜんちゃうやん。」

と、つくえの前から四ばんめの山本くんがいった。先生はしらんふりして本をかたづけた。先生はほんとうにズッコケ先生だな。

※　ちゃうやん＝違うやないか

こわかった先生

二年　女

「こら。」

きょうの二時間目。体育かんで大きな口をあけておこった先生。みんながしずかになるような声。先生は男。もう年より。しらがいっぱいある。でも、うしろの方が黒い。おでこにしわがある。わらうと目のそばにしわのようなものがある。

「こらっ。」

と、大きな声でおこった先生。まい日だと、やさしいのに。わたしたちが少ししゃべっていたら、先生が大声でどなった。口をとじて、きばっているようなかおをしていた。こわそうな目で、みんなを見ていた。中の先生が、

「一くみさん立ちなさい。」

といった。みんなは立った。またまた先生は、

「さっさと立て。」

と大声をだす。先生は大きな口をあけて、すごく大きな声を出した。口をとうがらせて、うん、と、すわった。　※　とうがらせて＝とがらせて

先生は、やさしそうなかおをしているけど、ほんとうはすごくこわいんだな。

先生のロボット　　四年　女

こないだの土曜日のかえりしに、岸本さんといっしょにかいだんをおりて、しょくいん室の前まで行くと先生にであいました。岸本さんが先生に、

「つゆくさぜったいせなあかんの。」

と、聞きました。先生は、

「やれるまでやってみなあかんやないか。」

といいました。わたしは先生に、

「できへんときがあるからええやん。」

といいました。するといやそうな声で、

「はーい。」

といいました。わたしが先生の手をもって、

「ぞうきんしたろか。」

といって、先生の手をぞうきんをしぼるみたいにしぼりました。ぞうきんみたいにしぼっていると、はんたいにぞうきんをされました。先生が、

「ロボットはねじをまいてうごくねんで。」

といって、自分のおへそをようふくの上からまわして、足と手をロボットみたいにして動きました。

「ギーガギガギ、ギガギガ。」

といっていました。内とう先生がうしろで「くすくす」わらっているのに、先生は内とう先生がいるのをしらないで、

「ギーガギガギ。」

といって動いていました。しょくいん室の戸があいてみんなわらっていました。かおを赤くしてしょくいん室へ入っていきました。


「先生のロボット」は少し古い作文です。そのため作文に出てくるロボットの様子も今とは全く違っています。しかし、それはそれとして、子どもと教師との関係は教えるものと教えられるものという固定的な関係では、子どもと教師との心のつながりが薄いものになってしまうのではないでしょうか。

ところで「子どもと教師が友達のような関係では指導できない」と言われる方があります。しかし、私はそのように考えるのではなく、子どもと教師との間に心の隔たりを感じさせないことが、子どもの思いを素直に綴らせるカギになっていると考えています。

§　子どもの心の動きが読み取りにくくなっている今こそ「子どもの思いをありのままに綴らせる」ことの大切さ

日曜日のそうじ　　　　　　二年　女

「いややなあ、一分だんのそうじ。それも八時三十分から。もう、またねようかなあ」と、かいだんを日をつぶりながら、そして、あくびもしながら、「ふうああん」と、目をこすってあくびをした。学校でもいつもなまけて、「いややなあ」と、いいながらしているのに　もう。と、おもったらひらめいた。「え、学校よりばいに道やまがりかどがあるんいややん」と、かいだんの上から几ばんめで立ちどまった。もう、あそびながらやろうかなあ。でも、うるさいママが、

「佳、なまけずにちゃんちゃんとしなさいよ。」

と、がみがみいうて口を下にやるのにいややなあそうじ。もうなまけずやらんと　と　いいたいが、もう、ええ。

「下おりよう。」

――中略――

「さあ、いくで。」

と、だれかのおばちゃんがいった。おとなの人たちは　はいとうけど子どもは元気がなくて、

※　はいとうけど＝掃いているが

「はあい。」

と、おへんじ。大山さんやあさ海さんは、北の方こうでそうじをおばちゃんとしていた。わたしはほうきでゴルフみたいに、「シェルーン」と、ごみがとんだ。なんのごみがとんだというとポテトチップです。

「ちゃんとやりよ。」

と、みなみさんの声。

「さすがやあ。やっぱり五年生。」

と、そのちゃんのおばちゃんがいった。

「まかして。」

さっき「いやや」いうとったのに、おばちゃんの前ではかっこつけて。もうみんなおわった。また、やっぱりわたしはなまけていた。

私が勤めていた学校ではＰＴＡの主催で季節ごとに街の掃除が行われていました。その時のことを書いた作文です。朝から街の掃除をするのが嫌だったことをそのまま包み隠さずに書いています。子どもは大人のように建前で物事を考えたり、行動したりしません。そこが素晴らしいところです。子どもがためらいなく、暮らしのありのままの姿、ありのままの思いが自由に書ける雰囲気を学級に作り出すことが作文指導にとってとても重要なことです。

私は作文を使って道徳教育を行うことに同意できません。いかに書かれた内容が教師の意図から離れたものであっても、子どもが書いた作文には手を加えたくありません。子どもの生の姿、生の思いこそ大事にしたいと思うのです。

ところで子どもは学校の決まりから外れたことも、あまり気にせずにやっていることも少なくありません。しかし、そんなときでも目くじらを立てるのではなく、静かに対応してやりたいものです。

＊「子どもの生の暮らし」を綴らせる

○子どもは暮らしの中でいろいろなルール違反をしている

烏原水源池　　　　　　六年　男

朝六時二十分に家を出て、大矢君の家に行った。ぼくたちは、ブルーギルを目的に烏原水源池に行った。

バスに乗って降りた。駅から少し歩いたらおじいさんもぼくたちと同じ方向に歩いて行った。そのうちぼくが大矢君に、

「水源池何時に開くんや。」

と聞くと、

「おれも知らん。」

と答えた。それでぼくが、

「開いてなかったらどうするんや。」

というと、

「中川と前行ったとき、六時ごろに開いとったぞ。」

と答えた。

着いて何時に開くか見てみると、「日の出」と書いてあった。おじいさんやおばあさんがいっぱいいた。ぼくたちは、入ってすぐ目の前のところからさくを乗り越えて内側に入った。ぼくは大矢君に、

「ここ、釣りしてええんか。」

と聞いたら、

「あかんけど、みんな釣りやっとうから別にええやん。」

と答えた。

——以下略

※ 多くの日、大人の人が釣りをしている

この作文は長い作文の一部分です。水源池や港で釣りをすることは学校でも禁止していますし、多くの人がよく釣りをしている付近にも「立ち入り禁止」の大きな看板が出ています。ところが魚釣りに来る市民が後を絶ちませんし、子どももこの中に加わっています。これは港でも同じです。だからといってこの

ような場所に子どもが魚釣りに行くことを黙認することはできません。

だがしかし、私はこのような時、子どもに対して静かに対応するように心がけていました。「水源池で釣りをするのは禁止されているし、急に深くなっていてとても危険だよ」と、作文とは切り離して学級全体の子どもに話をしますが、作文を書いた子どもに厳しく指導することはしませんでした。なぜなら、作文を書いた子どもに、作文をもとにどのように厳しく指導しても、このような場所に魚釣りに来る子どもがいなくなるわけではありませんし、作文はあくまでも子どもが書きたいと思ったことを書いているのであって、子どもが書いた作文を使って「道徳教育」や「生活指導」をしたくないからです。

子どもがルール違反の遊びをしているのはこのようなことだけではありません。暮らしの中のいろんな場面にあります。

じゃんけげり　　四年　男

十一月十四日に二見君とじゃんけげりをしました。　※　じゃんけげり＝お手玉を蹴る遊び

初めは、四年四組のとなりの便所の前のろう下でやっていました。ほんとは、ろう下などで遊んではいけないと先生に言われていた。けれども、外は風がきついので思うようにじゃんけげりが打てないと思ったので、先生の約そくをやぶってやることにしました。

初めにじゃんけんで先こう、後こうを決めました。

ぼくはじゃんけんに勝ったので、

「おれ、後こういくわ。」

と、二見君に言いました。

ぼくはどうして後こうになったかというと、もし、二見君が先に勝ったって、ぼくまで回さなければならない。ぼくがもし後から追いあげて同点になると、引き分けということになる。だから後こうを取りました。

「それやったらおれ先こういくから、天羽じゃんげりかしてくれや。」

二見君は手を出しながら言いました。

「かしたるから、なん対なんぼするか決めよ。」

と言ってから、じゃんげりをかしてあげた。

「それやったら、二〇対二〇な。」

「よっしゃ。」

と言って、やり始めました。

二見君はぼくのうすぼろく、軽いじゃんげりでやり始めた。足の内側で軽くぽんとまん中までじゃんげりを打った。ま上に上がった。そして空中でうすぼろいじゃんげりが半回転して落ちてきた。それをまた打ち返した。今度は便所の前の横の手洗い場のまどの方に行った。二見君はけんめいに走って手で取った。取ると、元の点数にもどる。二見くんはまたやり始めた。ぼくは二見君の顔をじっと見ていた。見ていると二見君はしんけんな顔をしてじゃんげりを見てけっている。ぼくは、「ああしたらよう当るんやな」と思いながら、二見君のやっているのを見ていた。二見君は五回目をけった。その時、じゃんげりが便所に入ったので取れませんでした。だから五回です。いよいよぼくの番です。でもおかしなことに、ぼくの番になると思うようにじゃんげりが上がらないのです。どうしても一回打つと変な所にいくのです。受けてばっかしです。六回目にやっとま上に上がりました。ぼくは「ほっ」と思いました。その時、ぼくは続けて六回できました。六対五です。二見君は、

「天羽うまなったなあ。」

と言いました。おせじみたいですがうれしかったです。

また二見君がやり始めました。二見君が打ったじゃんげりは、ま上より少し右側にずれただけなのに取りに行こうとしました。その時、二見君は手をすべらしたのか、下に落としてしまいました。二見君は、

「あ、落としてもた。」

と、びっくりしたというか、おどろいたというかのような顔をして言いました。ぼくは、

「二見、たったの一回や。」

と言いました。そしたら二見君が、

「まだ負けたんとちがうわえ。」

と言って、上投げでぼくにじゃんげりをわたしました。ぼくは、「勝てる」と思ってやってみたら、

八回もできた。ぼくは二見君に、

「二見、ぜったいぜつめいのピンチ。」

と、勝ったようにガッツポーズをしてひやかしました。二見君も負けずに、

「八回ぐらいやったるわい。」

と言いました。でも六回しかできなかった。とく点は一四対一二で、ぼくが二点差でリードしています。

三度目のぼくの番です。ぼくは深こきゅうをしてむねをすっきりさせました。そしてやり始めました。ぽんとじゃんげりがはずみました。ぽん、ぽん、とけって、一九回目になってけった時、「もう勝った」と思いました。二〇回目をけろうとした時、ま球でもかかったようにじゃんげりがちがう所にいってしまった。それでからぶりしてしまいました。でも、ぼくは一九回までできました。二見君が、

「やった。」

と言って、ぼくの打ったじゃんげりをひらってやり始めました。

さあ二見君が一九回いって二〇回になるかどうか。ぼくはひっしで見ていました。二見君のくつのま横にじゃんげりが当たりました。ま上にじゃんげりが上がりました。ぽん、ぽん、また打ち始めました。やっとこ、すっとこで二〇回目になりました。二〇回目を打ちました。ぼくは息をころして、「なむさん」と、心の中でいのりました。そしたら二見君が野球でフライをエラーしたように、じゃんげりを落としました。

「やった。」

と、思わず大きな声を出しました。じゃんげりの最後は、二〇回ちょっきし受けるか、二〇回以上いかなければ0からになってしまうのです。だから二見君は0です。ぼくは、

「もう勝ったな。」

と、二見君に言いました。

「負けたわ。」

と、二見君がくやしそうに言いました。ぼくは、二〇回目を打ちました。そしてガッチリじゃんげりを取りました。ぼくは、

「やった。やった。」

と言って、喜びました。

「もう一回しょ。」

と、二見君が言った時、休み時間の終わりのベルが鳴りました。

「次の時間しょ。」

と言って、教室に入りました。ぼくの心は、はればれとしていい気持ちでした。

作者自身が「ほんとは、ろう下などで遊んではいけないと先生に言われていた」「先生の約そくをやぶってやることにしました」と書いているように、作者は学校の決まりで廊下では遊んではいけないことをよ

く承知しています。しかし、自分より上手な二見君に勝つことができた「はればれとしていい気持ち」が書きたかったのでしょう。この気持ちがあって、この長い作文を一気に書き上げているのです。しかし、子どもたちの気持ちの中に「ルール違反をしていることを書くのはまずいな」という思いが少しでもあればこの作文は生まれなかったことでしょう。

確かに廊下で遊びをすることは学校のルール違反です。「いいよ。いいよ」で済ませることができません。しかしその指導は、子どもが書いた作文を使って行うべきではありません。あくまでも別の機会をとらえて行うべきです。作文は子どもの表現意欲、「書きたい」という気持ちを大切にするのが眼目です。この子どもの「書きたい」という思いを大切にしてはじめて子どもの本音を知ることができます。そして、子どもの本音が分かってはじめて効果的な指導も行えるようになります。学級の子どもたちの間に、「こんなことを書くとまずいな」という思いが起きる雰囲気を作り出すことは、指導効果を悪くするだけでなく、子どもの表現意欲を減退させてしまいます。

次もまた「これは困った。黙って過ごすことができない」と思う内容が書かれた作文です。同じような作文が続きますがもう一つ紹介します。

こわかったどんぐり当て　　六年　男

「今日もどんぐり当て行こか。」

「うん、行こ。」

ぼくたちは、最近、どんぐり当てによく行く。どんぐり当てというのは、歩道橋の上からひらってきたどんぐりを人に命中させて逃げる。一種の遊びみたいなものだ。

「それやったら行こ。」

ぼくと井口君と久米君と中村君と末吉君の五人だった。

まず、自転車で歩道橋の下の自転車置場に行き、自転車を止めてかねぼう研究所に行った。まず、中にぼくと井口君が入りどんぐりをひらった。と、突然中村君が、

「おっさんが来た。」

といった。ぼくはびっくりしてへいを登った。その時、ぼくのつっかけが落ちた。ぜったいぜつめい――大ピンチと、ぼくは思った。そしたら、中村君がわらいながら、「あもけん　あほや。うそやのに。」といった。ぼくは、「はらたつな」と思いながら、落ちたつっかけをひらった。

いよいよ始まる。まず、ぼくたちは歩道橋の上に行った。そして、バス停の所の人をねらった。ぼくのは見事に命中。頭に当った。だけどその人は気付かなかった。井口君が投げた。ひたいに当った。その人は気付いたらしく、あっちこっち見回していた。ぼくたちは見つからないように体をかがめた。そして、ゲラゲラ笑っていた。

しばらくしているうちに、和田岬の女の子三人が歩いて来た。久米君がいった。

「あいつ当てよか。」

「うん、やったろ。」

ぼくたちは、向こうから来る三人が歩道橋の近くに来るのを待っていた。近くに来た。みんな、待ってましたとばかり、手に持っていたどんぐりを女の子にめがけて投げた。ぼこぼこに女の子はやられた。ぼくたちは続けて投げた。とくに久米君はひっしだった。女の子は、和田岬の方に逃げた。ぼくたちの勝利だ。みんな笑いながらしゃべっていた。が、それも五分間だけ。なんと、さっき逃げていった女の子が友達を連れて来た。その数は十五人。ぼくたちはびっくりした。たったあれぐらいのことで十五人も連れて来るとは。女の子たちは、だんだん近づいて来た。

「どないしょう。」

みんながいった。

「久米が当てようなんていうからや。」

「そ、そんな。」

久米君は、がっくりした。女の子十五人は、歩道橋の下に来た。ぼくたちは、歩道橋の右下にいる女の子たちと反対の方向に、二、三歩しりぞいた。女の子は、下でしきりになんかいっている。末吉君は、こわくなったのか反対の方向に逃げた。井口君も逃げた。ぼくたち、あと三人も逃げた。歩道橋をおりた所で女の子の方を見た。そしたら、女の子はななめ横断をしてこちらに渡ってきた。井口君は、

「どないしょう。」

といった。

「どないしょうもなにもない。ただ逃げるのみや。」

と、ぼくはいった。

※　作文の最後は――「ほんま、こわかったなあ。もう、こんなことやめよか。」と、井口君がいった。それからは、もう行かなくなった。――で、結ばれている。

――　以下略

とても長い作文の前半です。この後、街中を逃げまわる様子が描かれていますが省略しました。この「こわかったどんぐり当て」の作文は「どんぐり戦争」「どんぐり投げ」などと題名は少し違っていますが他の子どもたちも同じ内容の作文を書いています。

この作文には、さすがに私も驚きました。まさか子どもたちがこのような遊びをしているとは思ってもいませんでした。しかし、嬉しいことに私が注意をしなくても、作者が「それからは、もう行かなくなった」と書いているように、その動機は「ほんま、こわかったなあ」という消極的なものですが、この作文を書いた後この遊びをする子どもは全くいなくなりました。子どもたちの話では、どうやらこのような遊びをしていたのはこのグループだけではなかったようです。

子どもは、自分の考えで決めたことは誰からも言われなくてもしっかりと守ってくれます。子どもは書くことを通じて無意識のうちに物事を客観的に考え、物事の善し悪しも考えるようになります。子ども自身の心の働き、判断力は、子どもが健やかに育っている限り決して良くない方向には向かわないものです。そのうえ、子どもはとても強い正義感を持っています。

話が変わりますが子どもがなんでも包み隠しをしないで書いてくれると、子どもの様子や思いがつかめるだけでなく、指導の手立ても考えることができます。いかに豊かな表現で書かれた作文が生まれても、子どもの本音が綴られていなければ私たちは子どもの思いを知ることができません。作文は子どもの心の動きを映している鏡です。

◦子どもは思わぬ危険なこともしている

つり　　　　　　　　　六年　男

「おい、つれたか。」

ときくと、

「小さいけどつれた。」

といった。

きょうは湊川の河口で中川君と門木君と河本君で、ハゼがよくつれると中川君に聞いたのできてみた。ハゼとテンコチがほんとによくつれた。


――中略――


だんだん雲はくもってきた。そのうちにポツンと雨がふってきた。

「雨ふってきたけど、もうちょっとやろうや。」

とぼくがいった。だんだん雨はひどくなってきた。ぼくらは、車の下にもぐりこんだ。河本君が、

「こじきになった気分やなあ。」

といった。門木君はまだ一人、雨のあたるところでがんばっていた。　――以下略

子どもがどんなことでも書いてくれるようになると驚かされてしまう作文が出てきます。さすがに私もこの作文を読んだ後、「『車の下にもぐりこんだ』ら危ないな。運転手は車の後ろを見ても、車の下まで見ない。車が動いたらひかれてしまう」と言いました。もちろん子どももすぐに納得してくれました。

屋根の上

五年　男

ガラ、ガラ。ぼくはまどをあけて、となりの工場の屋根の上に上がった。ぼくは、山の方を見た。

「山は高いなあ。」

そう、一人ごとを言った。

次は海を見た。フェリーボートが、ずんずんおよいでいくように思えた。

ぼくは、心の中で石工場の方を見て、「こんな岩、どっからとってきたんやろなあ」と思っていた。

すると、すずめが「チュン、チュン」そう言いながら飛んでいる。ぼくは、気持ちがよくなった。「あの山、登ったことがあるなあ」とか、「あの山が、この近くで一番高いなあ」そう、いろいろなことを心の中で思った。

こんどは、ボールをさがしに自分の家の屋根の上に登ろうと思って、

「よいしょ。」

と、かけ声をかけて登った。ぼくの家のとなりに大きな倉庫がある。その上に登った。そして、大きくいきをすった。ぼくは、いい気持ちだなあと思った。そして、ボールをさがしはじめた。

ここの屋根はブリキでできているので、少しこわい。だけど、丸いくぎみたいなものがある。その上に足をのせていくと、だいじょうぶだ。

「あっ、ボールや。」

そう、小声で言った。ボールの所まで行ってひろってみると、パスパスだった。だけど、まだ使えるので持っていた。

ボールがまた向こうにあった。取りに行くと空気がまんたんだった。その時、ぼくは、「うひゃっ」と、喜んだ。

もう、ボールもだいぶん取ったので帰ることにした。そして、帰ろうとすると、「あっ」と、思った。もう少しで落ちるところだった。ボールはぜんぶ下に落ちてしまった。ぼくは、「しまったことしてもたなあ」そう思った。すると、前の若たか橋の所で、中学生の子が、

「あぶないぞっ。」

と、言った。

「しっとうわい。」

そう言いながら、家のまどに向かって歩いていった。そして、工場の屋根の上から辺りを見回して

帰った。

この作文も私が驚かされた作文の一つです。まさか子どもが工場の倉庫の屋根の上に上がってボール拾いをしているなどと思ってもいませんでした。子どもが危険なことをしているのはこれだけではありません。作文は省略しますが「天井裏はどうなっているのか」と思って、真っ暗な天井裏に上って、ローソクの光りで天井裏を探ってみたとか、工事現場の土砂が積み上げられているところに入り込んで、その土砂の山に登る道を作って遊んだとか、一つ間違うと火事になったり、土砂に埋まって大変なことになるとか、ちょっと考えることができないことまでしています。しかし、このような遊びは日常的に行っているものではありませんが、私の学級の子どもだけが行っているものではなく、時として子どもの思いつきでやっていることだと思います。子どものありのままの暮らしを知る上で、子どもがありのままの暮らしを綴ってくれることはありがたいことです。

*子どもが暮らしの中で抱えている問題

◦子どもの友達関係

友だちがいない　　　　　　　　四年　女

三年のときは友だちが一人もいなかった。でも、四年になって二〜三人できた。それでも、一人めの子は学校から帰るときだけいっしょ。

弟はうんていというものをしている。

弟に言われて、私もちょっとずつしていった。二段ぬかしは続けられないけれど、一回だけだったらできる。まん中の高い所だけできない。それは、落ちてけがしたらこわいから。思いきってやってみた。「できた」と思ったけれど、すぐ手がはなれた。もう一回やって、手に思いきり力を入れた。そして、そのまま続けた。それからできるようになって、毎時間、毎時間するようになった。

竹村さんと友だちになって遊んだ。それも長続きしなかった。

体育の時間、二人で組になる時、竹村さんと組になった。

竹村さんがボールを取ってきて、先生の話を聞くと二人仲良くできたけれど、ボールを返しに行く時、ボールを持っているのは竹村さんなのに、私に、

「いっしょに行こう。」

と言ったので、

「うん。」

と言ったけれど、水道の所まで来ると小さい声で、

「手、あらうわ。」

と言った。竹村さんに聞こえなかったらしく、ボールを置きに行ってしまった。

手をふきながら竹村さんの所へ行こうとすると、竹村さんが水道へ来てこっちをにらみつけていた。

竹村さんは、しらん顔して教室に入ってしまった。私も入ったら、瀬野さんにいっしょにボール持っていってくれなかったことを言っていた。わたしは、「手、あらってくるわ」といったのに、と思っていた。

それからの私の友だちは、うんていだけになった。


作者が少し大きな声で「手、あらうわ。」と言っておれば、二人の間がこのようにならなかったかもしれません。しかし、四年生になるまで仲の良い友達が作れなかった作者は、小さな声でしか言えなかったのでしょう。いや、「いっしよに行こう。」と言われて「うん」と応えておきながら手を洗いに行ってしまったのでこのような結果になったのかもしれません。いずれにしても友達とうまく対応する力を身につけていません。

今、このように友達がうまく作れない子どもが増えています。核家族化、親の勤務時間の長時間化、少子化、それに幼少の頃からの習いごと等など、さまざまな家庭的・社会的要因で子どもを取り巻く人間関係が昔と比べぐっと希薄になっています。

また現在、理由は様々で子どもの人間関係だけではありませんが、不登校になる子どもが増えています。子どもが学校へ来れなくなった場合、事前に教師が子どもの心の動きを知ることができればどんなにか子どもに働き掛けやすくなることでしょう。私の在職中、私の学級から不登校の子どもが出なかったために、不登校になった子どもの心の動き察することができる作文を引用することができませんが、子どもが自分の思いを自由に書ける雰囲気が学級の中に醸成されておれば、子どもの指導にずいぶん役立つのではないでしょうか。いずれにしろ、子どもの生の姿、生の暮らしを知ることがとても重要なことです。

ぶらんこ　　　　四年　女

おくの君は、いつもぶらんこを一人で二つとっている。わたしと大垣さんが乗りに来たら、もう乗るところがない。おくの君が二つとっている。だれという友だちもいないのに。

「かして。」

といっても、おくの君は、

「女になんか、かされへん。」

といって、かしてくれない。一番いいので一つ。わたしたちはかわりばんこ。おくの君は二つ。おくの君は一人で二つ。わたしたち二人で一つ。へんだなあ。おくの君は時間が終わるまでにぎっている。つぎの時間もそう。チャイムが鳴るとすぐいっても、おくの君の方が早い。ほかの組の子もいるから、見るまになくなってしまう。やはり、おくの君は二つにぎっている。見ていると、大きい学年の子に向かって、

「このぶらんこかしてほしかったら、このせんから手でぼくをつかまえてみ。」

と、遠くの方へせんを書いた。でも、大きい学年の子は、

「ええで。」

と、そのとおりにしている。あんなはなれたところから、つかまえるなんてむりだと思う。おくの君は、すごくこいで、つかまらないようにしている。大きい学年の人はそれでもやっている。それで、チャイムがまた鳴る。

つぎの時間も同じことだ。

そんなんで、いつもおくの君がよこ取りをしている。わたしたちは、いつもぶらんこで遊べない。

大垣さんとならんでぶらんこに乗りたいな。

子どもの世界ではこのようなことがよく起きています。私はこのようなことに無関心でいたわけではありませんが、私は作者に「奥野君、困ったね」と声をかけた程度で、奥野君に対しても特別な指導をしませんでした。しかし、この作文を学級の一枚文集に載せ、作者に読ませました。その結果、奥野君は自然

にこのようなことをしなくなりました。

このような問題は、奥野君自身が自分がしていたことを客観的に思いだし、「これはまずいな」と思ってくれなければ解決しないことです。仮に厳しく注意し、奥野君がブランコの独り占めをやめたとしても、心から「まずいことをしたな」と思ってくれなければ、また自分の心の渇きを満たすために違う形で始めることでしょう。問題は、奥野君の心を満たしてやることが重要な課題なのです。

ところで子どもたちの間では、次々と新しい問題が出てきます。

教室の道

四年　女

朝、学校へ来て、一時間目が終わった。

休み時間に男の子たちは、つくえやいすをくっつけあっていた。だから、わたしがいすのところを飛びこえようとすると、政田君が、

「あかん、そこ通られへん。けん見してみ。」

といった。わたしは「なにかな。けんて」と思いながら、わざわざ遠回りして通った。その近くのへんには、たくさんつくえやいすがくっつけられていて、一人一人ばん人みたいのが立っていた。「もう」と思って、吉岡君の立っているいすのところを飛びこそうとしたら、吉岡君は、

「あかん。けん見せれ。」

といった。わたしは「けんなんか持ってないのになあ」と思いながら、

「ここ、みんなの教室でしょう。」

といった。

「ええんじゃ。」

「通らしてよ。」

「あかん。」

そんでまた、わざわざ遠回りをしていった。そして、「自分の席にいよう」と思って、もどっていきよったら、とく山君のとこもくっつけてあった。わたしは、とく山君の席の後ろだけど、だれもそこにいなかったから、ギーッ、ギギーッと、つくえをおして自分の席についていてもおもしろくなかった。　※　そんでまた＝それでまた
みんなしゃべったりしているけど、見るだけじゃあぜんぜんおもしろくない。それで、

「とく山君、けんちょうだい。」

といってみた。そしたら、

「まあ、やろか。」

といって、へんな紙きれをくれた。わたしは、「なんだ、こんなのなら自分で作れたかもしれない」と思って見た。紙には〇×と書いて、がいこつみたいのが書いてあった。でも、「まあいいや」と思って、もらっといた。

それで、一番はじめに「あかん」といわれたとこへその「けん」とかいうものを持って通りにいっ

た。そうしたら、政田君は、はじめなんか変わった顔してたけど、

「おい、こいつけん持っとうぞ。」

と、とく山君のほうを向いていった。

「ああ、おれがやったんや。」

「なんでや。」

——以下略

以下略、と書きましたが、実は残念なことに一枚文集の紙面が切れて以下の文が省略されていました。そのため、この後どう書かれていたのか定かでありません。

ところでこの遊びの発端は、私が授業中に関所の話をしたことに始まっています。子どもたちは授業中に聞いた関所の話を遊びの種にしていたのです。子どもはどんなことでも遊びの種にする力を備えていることを知らされました。

つづいたバレーボール

四年　女

「かをるちゃん、後で宿題家に持って来てね。」

わたしは、帰りにかをるちゃんとやくそくをしました。

「うん、すぐ行くね。」

と、かをるちゃんが走りながらいいました。それからちょっとたったら、ピンポンとベルが鳴って、

「恵子ちゃん。」

と、かをるちゃんが入ってきました。

それから宿題をすませて、かをるちゃんとバレーボールをしに公園へ行きました。

「どこでする。」

「いつもの所でしようよ。」

と、かをるちゃんと話しながらいつもの所へ行きました。

「なるべく続けようね。」

といいながらやりました。

初めのうちはあまり続かなかったけれど、ちょっとやっているうちにうまくなりました。

「いまの、すごくかっこいいね。」

と、わたしはいいました。かをるちゃんが、右手で落ちそうになったボールを「ボン」と打って、わたしがそれをトスで打ったからです。

それからまた続きました。とてもよく続くので、うれしくて、うれしくてたまりませんでした。

だんだんつかれてきたけれど、まだまだやっていました。そのうち、あまり続かなくなってきました。

でも、続けようと思って、いっしょうけんめいにやりました。あせがいっぱい出てきました。せなかに着ているものが、ぺったりくっついてしまいました。かみの毛からも出てきました。かをるちゃんが、

「これから口もきかんと、あせもふかんと、休まんようにしょうか。」

と、いいました。わたしも、

「うん、そうしょう。」

といって、それからなにも口をきかないで、あせもふきませんでした。あせが出てきて、わたしがハンカチを出したとき、かをるちゃんがわたしをにらみました。それでわたしは、あせがふけませんでした。それから、とてもよく続くようになりました。わたしは、「口をきかないとよく続くな」と思いました。

それからまた、かっこいいことがありました。かをるちゃんが左手で打ったのを、わたしが左手で打ちました。わたしは、「かっこいい」と言おうとしたけど、口をふさぎました。

それから男の子たちがじゃまをしに来ました。やっていると、

「ブー　ブー　ブー　ブー、おならがブー。」

といって、わらわせようとしました。それで、とうとうかをるちゃんが、

「うるさいね。」

と、いいました。わたしも、

「うるさいね。」

といってしまいました。

「へた　へた。」

と、男の子たちがいいました。

「なによ。じゃまばっかりして。」

と、かをるちゃんがいいました。

「気にせんとこ。」

とわたしがいって、またやりました。とても暑くなったけれど、続かせようと思いました。すぐ続かなくなるけれどがんばりました。

――以下略

少し長い引用になりました。このように楽しく遊んでいる子どものじゃまをして喜んでいる子どもの姿は時々目に入ります。子どもの世界では日常茶飯事のことかもしれません。しかし、感心できないことには違いがありません。

だがしかしです。このような子どもの世界が目の前に示されるのはこのような作文を目にした時です。作文を読むと子どもの世界で起きている様々な事柄に気付かされます。

。多くの子どもが重い課題を抱えている

この項の冒頭からになりますが、まず学力が高い子どもの作品から紹介します。

宿題　　　　　　　　五年　男

机に向かった
かばんから宿題を出す
ギラギラギラと
宿題が光って見える
ああいやだ
やっているとイライラする
「いやだ」
「いやだ」
と、思いながらする
破りたい
イライライライライラ
ああ、やっと終わった

この作者は、私の学級で特に学力が優れていた子どもです。私はまさか、この子どもが僅かな時間で仕上げることのできる宿題にこれほどまで心をいらだたせていたとはこの詩を目にするまで思ってもいませんでした。

一般に、学力の高い子どもは悩みが少ないのではないかと思われがちです。しかし、決してそうではありません。厳しい競争に勝つためにかえって心に重い負担を感じている場合も少なくありません。

公開学力テスト

六年　男

十月十九日、第七回公開学力テストをした。第一、第二回は絶好調ですごくいい順位だった。が、三、四回は「ガクッ！」と落ちて、ものすごくおこられた。でも、五、六回は復帰してだいたいいい順位につけた。

今度の公開学力テストは、自分ではいい順位にいるだろうなあと思った。

そして、十九日から一週間が過ぎた。この一週間は、口では表せないほどいやな一週間だ。いつテストが返ってくるかと、気が落ちつかない。

それから一日たった。ぼくは、心の中で「そろそろ、テスト返ってきてもいいぐらいやけど、今日ぐらい返ってきとんではないかな」と、思った。

その気持ちで家に帰った。ガラガラガラ。

「ただいま。」

と、元気のいい声で言った。それからまた塾があるので、早くかばんを二階に置きにいって下へおりてきた。

「おなかすいたわ。なんか、食べるもんないん。」

と聞いたら、果物をお母さんがくれた。その時、公開学力テストが返っているのは分かっていたけど、

「悪かったら」という気持ちがあったので言うのをやめた。でも、すごく気にかかる。そこで、思いきって、

「公開学力テスト返ってきたやろ。見して。」

と言ったら、お母さんは、

「すごくよかったよ。」

と、封筒を渡してくれた。緊張の一瞬。まず、合計点から見た。まずまずのできだ。それから順位。

「ヤッター!。」

お母さんの言うとおり、すごくいい順位だった。ものすごく嬉しかった。それから塾へ行った。


この作者も学力の高い子どもで進学塾に通っていました。いつも学校では高い得点を得ていましたが、塾では必ずしも高い得点が取れなかったのでしょう。塾の成績をとても気にしていることが読み取れ、晴れ晴れとした気分で作文を読むことができません。おそらく、低学年の頃からこのような思いを重ねながらこの日を迎えたに違いありません。はたして子どもにこのような思いをさせて学力を競わせることが高学力に結び付くのでしょうか。北欧の国々では、子どもたちに学力を競わせることは一切行っていませんが、子どもたちは高い学力を身につけ、自己を確立していると聞きます。

子どもが塾通いに大きなエネルギーを費やしていることが綴られている詩をもう一つ紹介します。

塾

六年　男

ぼくはいつも御影にある塾に行っている
行くときは阪神電車に乗る
月火水木土日と行って、ないのは金曜だけだ
火曜と木曜は四時八分の電車に乗って
月曜と水曜は五時五十三分のに乗る
土曜は二時二十四分に乗り
日曜は特に決まっていない
御影までは約二十五分かかり
家から駅までは自転車で十分かかる
そして、二時間から四時間勉強して帰ってくる
早いときで七時三十分
遅いときは十時より後にもなる
ぼくは、私立中学校に行くために塾に行っている

兵庫県の県庁のそばにも進学塾がありますが私が何かの集会に参加した日、集会が終わって駅に向かって歩いていますと決まって塾帰りの子どもが多く歩いており、多くの子どもが近くのコンビニに立ち寄り

食べ物を買って食べています。時刻は夜の九時を過ぎています。これらの子どもたちはきっと学力が高い子どもが多いと思うのですが、果たして十分に家族でだんらんの時間を楽しむことができるのでしょうか。食事はどのような時間帯に、どのような形でとっているのかと心配になります。

子どもが書いてくれる詩や作文は、社会のありようや、教育のあるべき姿にも警鐘を鳴らしてくれます。

出っぱ　　　　　　四年　女

わたしは、みんなから「出っぱ」といわれている。前ば二本がほかのはよりも大きくて、口より外へ出ている。出っぱのわたしは、「出っぱ、ビーバー」などといわれている。

出っぱのことにくよくよしていると、母が、

「そんなこと気にしないとき。あまりたくさんいったら、『くやしいならなってみろ。なれないやろ。』と、いい。」

というけど、わたしはかがみを見ると出っぱが目につく。「出っぱ」という友だちの声が聞こえるような感じがする。だからかがみを見るのがつらい。そんなようすを母が見ると、

「早く大学病院に行って、出っぱをなおしなさい。」

というが、自分もなんかつらそうな感じがする。そんな母を見ると、「よし、これからは『出っぱ』といわれても、気にしないとこう」と思うが、やっぱりかなしい。なんとかならないかな。この出っぱ。

子どもの中には思わぬ悩みを抱えていることがあるものです。私はこの作文を読んだ後、「先生は出っぱとは思わないがな。永久歯が生えてきたのだから大きくて当たり前だけどな」といった程度で済ませてしまったのですが、このような子どもの訴えに対しては、もう少していねいな対応をした方が良かったかもしれません。この作文を読み返してみてちょっと悔やまれる対応しかしていないのが残念です。子どもの作文には一切手をつけず、子どもに対して作品について論評しないというのが私のやり方でしたが、子ども自身が自ら抱えている問題を書いてきたときには、ていねいに対応してやることが大切ではないかと今では思っています。

独りで食べるご飯はまずい

五年　女

私のお母ちゃんは今は昼の仕事やけど、昨年の十一月までは夜に働いていた。私は、毎晩電子レンジで温めたご飯を口につめ込んでいた。

「由美ちゃん、ちゃんとできるね。足をあまり動かしたらあかんで。」

と言って、出て行った。その日は、足がかのうして学校に行って無理をしたせいか、かのうした所と、むこうずねを打ったので、足を動かすたんびに、ものすごい痛みが走った。

ご飯は、魚だったと思う。温められへんから、冷たいご飯を食べた。今、みんなは、今までめったに独りで食べたことが少ないから、

「お前は、独りでステーキ食べとってもまずいんか。」

と言うが、気分てきに話がしたくてもできない。

「テレビ見とったらさみしない。」

と言った人がいたが、テレビなんか自分から質問しても、どない言うても、返事してくれへん。家がなんぼせまくても、さみしくてこわい。独りでご飯を食べていると、心の中に何百というようなでっかい穴があく。心の中に冷たい風が入ってくるようで、家がいくら広くても、人がいなければ、心の中に何もなくてご飯を食べる。私は、そのおかげか、食よくがなくなってきて、体重がずいぶんへりやせた。私は、いくらやせたくても、こんなやせかたしたくない。夜、独りで静かな音のない所で食べると、ひとつも食べられへん。独りで食べるご飯は、ぜったいにまずい。

いくら子どものためだといって、夜働きに出ると、子どもと親の間に、ぽっかりと、気がつかないところに、巨大な穴があく。みんなは、

「独りで食べた方が、ええわ。」

「そんなん、大人がおったら、うるさいだけでいやや。」

とか言うたら、ぜったいにあかん。親と夜いつも、温かい作りたてのご飯を食べてるだけでも幸せでいれると思う。両親がそろっているところは、私、とってもうらやましくてたまりません。私は、お母ちゃんは夜いるけど、お父ちゃんは週に一回か二回しか帰ってこない。家族でご飯が食べられればば幸せだと思う。

独りで食べるご飯は、ものすごいまずい。

この作文は、一日の授業が終わった後に開く「終わりの会」で何かのはずみで「独りで食べるご飯」のことが話題になり、作者がこの「会」で出された子どもたちの意見に反対して一生懸命に意見を述べた後、教室ではすでに掃除が始まっており机が次々と動かされているなか、次々と書く場所を移動しながら「終わりの会」で発言しきれなかったやむにやまれぬ思いを一気に書き上げたものです。そのため決して整った文章ではありません。しかし、作者の切なる思いは読み取って頂けたのではないかと思います。

子どもには、子どもの力では解決することができない問題が少なくありません。この作者の場合、生活のためにお母さんが夜働いておられることをどうすることもできません。もちろん担任であった私も何をする術もありませんし、何もできませんでした。しかし、子どもの願いには耳を傾けてやらねばなりません。このような時、作文は一つの力となります。

§　子どもの目線で書かれた作品を大切に

虫取り

六年　男

※　あっちの人＝キャンプ場の職員

キャンプに行って、あっちの人の話を聞いた。

「クワガタが取れる。」

といったので、ぼくは心の中で「ぜったい一ぴきは取ったる」という気持ちになった。

話が終わってから近くにある木のところで探した。しかし、クワガタがいる気はいはない。みんなもぼくと同じように虫をねらっているらしい。「一番先に取りたいな」と思った。でも、クワガタは夜に活動するから取れなくて当然のように探していた。

感が当たったみたいに、昼間取れなかった。

夜になっても、みんな必死になって探していた。だから、まだ時期が早いんかなあと少しあきらめてしまった。その時、

「ミヤマ取ったぞ。」

と、みんながいった。山下君がミヤマクワガタを取っていた。ぼくは、いいなあと思っていた。これで、クワガタが明らかにいることがわかった。前よりも「ぜったいに取ったる」という気持ちが、いちだ

んとはげしくなった。

その夜は、大矢君がカミキリ虫を取っただけで、あとはそれほど自まんできる虫は取っていなかった。

つぎの日の朝、河本君がミヤマクワガタを取ってきた。

「どこにおったんや。」

と聞くと、

「あっちの宿舎のかべにとまっとった。」

といった。そこに行ってみたら門木君がなんだか必死になってかべにすなを投げている。初めは分からなかったが、あとでクワガタを落とそうとしていることが分かった。それで、クワガタが落ちたらさっさと帰っていった。まだぼくは取れない。もうなん人かの人は取っている。ぼくは「ぜったいに取ったる」という気持ちにはらがたってきたのが加わった。

その昼、松岡君が取った。とかげをぼくが取った。とかげをいっぱい捕まえてみんなにやった。

竹細工を始める前に、ぼくはコクワガタを取った。

竹細工に行ってとちゅうでさっきと同じ所に行くと、また取れた。たまらなくうれしい。二ひき取れたので一ぴき木付君にやった。

竹細工から帰ってくると、ぼくのクワガタがいなくなっていた。探してもいない。あきらめようと思っても、くろうして取ったクワガタだ。あきらめようにも、あきらめられない。でも、しかたがないことだと思った。また、見つけたらいいと思った。

夜がきた。時間がない。探しに行った。ちょっと探していたら、クワガタがかべにとまっていた。「やった。とうとう見つけた」と、思った。必死で石を投げた。谷口君が投げた石が当たった。ぼくは少しいやしくなって、

「見つけたもんの物じゃ。」

といって、ぼくの物になった。

つぎの日、マラソンから帰ると、矢野君が「これ」と、めすのクワガタをくれた。ぼくは、

「くれるん。」

といって、もらった。ぼくは運がいいなと思った。めすとおすがそろった。はらが立った気持ちなど、すぐなくなった。その日は、すごくうれしかった。

それで、バスに乗って帰った。キャンプで一番虫が取れたことがうれしかった。

この作文は学校から二泊三日のキャンプに行った際のできごとを書いたものです。しかし、キャンプのプログラムに関してはほとんど書いていません。作者はキャンプのプログラムよりも、クワガタのことが心の中心に座っていたのではないでしょうか。クワガタ以外に心をときめかせ、躍らせるものはなかったのかもしれません。だからこそ、夜や朝だけでなく竹細工をしながらもクワガタを探し、マラソンで走りながらもクワガタのことを考えていたのでしょう。

私は退職してずいぶん年月が過ぎましたが教師であった当時、当然キャンプのプログラムには様々な思

いを込め、一つひとつの取り組みに願いも込めていました。したがって竹細工にしても、「手細工でものの作りの楽しさを味あわせたい」という思いがあってプログラムに加えたものです。しかし、子どもは教師の思いとは全く関係なく、キャンプのプログラムをこなしています。私はこの子ども心を大切にしたいと思うのです。

ところでこの作文に、竹細工をはじめあれこれのキャンプのプログラムについてもう少し書き加えさせたとするとどうなるでしょうか。私はこの作品の命がなくなってしまうと思うのです。子どもが書こうとする作文の題材は、教師の思いとは無関係であり、教師の思いには無頓着なものです。子どもは自分自身が心をときめかせたことを題材にします。それが作文の命です。教師がみだりに子どもの作品にあれこれ注文を付けるべきではないと思うのです。

子どもの思いが素直に表現されている作文は、読む人の心を温めてくれます。そして、子どもの思いが素直に表現されている作文は、教師に子どもの思いを知らせてくれ、教師はその子どもの思いを感じ取ることによって次のプランを立てるうえでよいヒントを得ることができます。

よう子ちゃんとあきちであそんだ　　二年　女

「よう子ちゃん、あきちにあそびにいこう。」

と、わたしがいった。

「ほんまや。あきちはいっぱい花もあるし、野原みたいやもんなあ。」

といって、「レッツ　ゴー」と、はしっていった。よう子ちゃんが、

「あきちはほそかわさんのとなりやから、あるいても早くいけるわ。」

「ほんまあ。」

そういってるまにあきちについた。

「もうついた。」

「ほんま。」

と、二人いった。

「ここなあ、ぼくじょうやったらいいのに。そしたら牛もおるし、馬もおるもん。」

よう子ちゃんがいった。

「でも、ぼくじょうやったらはしったりできんもん。」

「そうや。」

「それよりあそぼ。」

と、いった。

二人で　でんがりぼうしやりたいとおもったのでいった。よう子ちゃんが、

「大はんたいのはんたい。」

「おもしろ。」

といいながら、ころがってあそんだ。まだまだころがる。野原のさかみちみたいだ。と、おもった。

よう子ちゃんもおもっているみたい。よう子ちゃんが立って、

「どっちが早いかきょうそう。」

と、いったので、

「やろう。よしは、やる気まんまんやでえ。でも、よう子ちゃんにはまけるかもよ。」

「かつは、よっちゃんなら。」

と、二人でいった。

「そしたらやるで。」

と、わたしがいった。

「よう子ちゃんがいうねんで。」

「うん。」

と、いった。ひもがあったので、

「よういどん。」

「どっちもおなじくらい。」

「ぬかした。」

わたしは、がっくりでいった。でも、またこんどやりたい。と、おもった。またやるでえ。と、おもった。

五時だからかえった。とてもとてもおもしろかった。

この空地は家を建て替えるためにできた更地で、家と家との間にあるちょっとした空地です。空地の隣の家の人が花を植えた鉢を家沿いに並べて置かれている以外は少し雑草が生えているだけです。しかもこの空地は作者の家から道を隔てているだけで、すぐ前が細川さんのお宅でその横です。そのため10メートル程しか離れていません。

この何の変哲もない空地に子どもはこんなにも夢を膨らませて遊ぶことができるのです。こうした子どもの夢を大切に育んでやりたいものです。

はとり

五年　男

「のけ、きっちん。」

「ええやんか。永井君。」

「うるさい。お前そんなん言うたってようとらへんやねえかあ。」

ここの場所は、ひみつで言われない。行ったのは、ぼくと、やっちゃんと、きっちゃんと、時岡君。

ぼくたちは、あみを置いてその中にはとのえさを入れた。

はとが、一羽、二羽、三羽、四羽と、どんどん集まり、やっちゃんの顔は目をきょろきょろさし、そして、手でにぎりこぶしをして、白いはが見えた。きっちゃんと時岡君は、向こうがわでおどっていた。

「タララーラーラ。」

手を上に上げて、片足で白いはを出しニコニコしていた。

「だまれ。」

「はい。」

「よーん。」

バタバタとはとが羽を広げておりてくる。やっちゃんが、

「かっこいい。」

と言って、ぼくの体を押した。

「やっちゃん、止めろや。」

と言うと、やっちゃんが、

「こうふんしてもうてん。」

と言った。ぼくは、はとがあみの中に入っていくのを見てがまんできない。

「やっちゃん、もう引っぱろ。」

「もうちょっと。」

「もう、ええやん。」

と、ぼくが体を曲げてやっちゃんにぶつかった。同時にガチャ、バタバタと、十ぴき入っていた。

ぼくは思わず手を上げて、

「やった。」

しんけんな顔も、白いはが見えて、ぼくはつま先で飛びながらやった。中のをとるのが大変だ。

「みんなふち囲め。」

と言って、ぼくとやっちゃんがとり始めた。体を左右に曲げ、ひざを曲げ、顔をしかめてとり始めると、五羽がバタバタと飛んだ。

今度は、あみを置いたまま手づかみでとり始めた。周りにえさをまいた。そこにいっせいにバタバタと七羽集まった。

「タリラリラー。」

と言って、はとの中にじりじりと集まった。サッと音がしたとたん、カラスバトをつかまえた。やっちゃんはドバ。きっちゃんもドバ。時岡君はクリバトだった。

「おれ、ええのんとったやろ。」

「やっちゃんのんなんか、くそドバ。きっちゃんのんなんか、くそくそくそドバじゃ。」

と、言ってやった。

「永井様様様のは、かっこいい。」

と、ぼくが胸を張って言って、かたづけて帰った。

都会ではハトがたくさんいる公園や神社、お寺などが身近に案外多くあります。しかし、このように子どもがハト捕りをして遊んでいることがあるとはこの作文を読むまで知りませんでした。子どもはちゃっかりハトを遊びの相手にしているのです。

◦子どもは力を出し切り、技を競える遊びを求めている

子どもたちは学校の短い休憩時間でも力を出し切って遊べた時には喜びを感じています。発達盛りの子どもたちは身体を動かす遊びを好み、互いに力を出し合い、競い合って遊んでいます。

ブリッジの練習

五年　女

「神やん、砂場でさか立ちやろか。」

「早よ行って場所とろ。」

※　ブリッジ＝背中を地面の側にして足と腕で体を持ち上げる運動

砂場ではクラスの男の子が山を作って遊んでいた。

「ちょっとだけ、場所ゆずってえな。」

「神やん、足持ってよ。」

エイッ。と、思い切って足を上げた。神やんが、

「とどけへん。もっと足上げ。」

「もっかいやるでえ。それっ。」

※　もっかい＝もう一回

今度はさっきとちがって、顔を上げて、うでに力をギュッと入れてやったら、初めて神やんの所までとどいた。

「手はなしたらあかんで。ブリッジするで。」

といった。その時はもう手がまっ赤になって、頭はおふろから上がった時のようだった。

「神やん、ちょっと待って。今度するから手はなして。」

ドシン。

「あ痛っ。」

せなかにいっぱい砂がついて、いきができなくなりよった。

「今度は神やん持ったるわ。」

神やんもうでに力をいっぱい入れて、

「よいしょ。」

私は神やんの足を持った。神やんは一度でできた。さすがやな。

「今度ブリッジいくで。」

神やんは首をはんたいにして、顔がまっ赤になって、足を曲げた。すると、ブリッジもできた。

「神やん、うまいなあ。」

「また、さか立ちするでえ。」

足を持ってあげると、うでが曲がってドッシンと顔からつっこんだ。

「いっぱい砂ついたでえ。きれいな顔や。」

その時、ベルが鳴った。いそいで手を洗って教室へ入った。

かたくま　五年　男

ぼくとやっちゃんは、砂場でかたくまをして遊んでいた。

「やっちゃんが上げる番だ。」

と、ぼくがいうた。

「よっしや。」

といって上げた。顔を真っ赤にして、

「えいっ。」

といって上げた。

やっちやんは足ががたがたで、「今にもつぶれそうだ」と、ぼくは思った。ぼくがわらかしたら、白い歯を出して目がたれ目になった。　※　わらかす＝笑わす
「永井君、わらかすなや。」

といって、顔が真っ赤だったのに、普通の顔にもどったら、どしん。ぼくが頭から突っ込んだ。足はやっちゃんが持っている。手は真っ直ぐのびんといがんでいた。

「痛った。」

といった。やっちゃんは、

「もっぺんやったるでえ。」

といって、また力を入れた。

「こんちきしょう。」

といった。顔が真っ赤になった。足は半分曲がり、手はぼくの足を持っている。

「ああ。」

といったら、いつの間にかぼくはたおれていて、足は真っ直ぐのびていて顔は砂だらけだ。手は曲がっていた。

「痛いなあ。」

と、ぼくがいうと、やっちゃんの顔にも砂がついていた。

「永井の顔。」

「やっちゃんの顔。」

といってケラケラわらった。

今度はぼくの上げる番だ。

「うへ。」

といった。そして、ぐんぐん上にあげた。そのとき勢いがつき過ぎたので、やっちゃんは、

「こわい。ああ。」

といって、ぼくの顔を持った。後ろにたおれた。

「やっちゃん、はっきりせえや。」

「そんなんいうたって知らんや。」

といったが、あんまりでかい声を立てたので、二人は、

「やっちゃんのこわがり。」

「そういう永井君かってこわがりやないか。」

といって、二人はわらった。ちょうどチャイムが鳴った。


倒立やブリッジは力とともに技も身につけなければできるようにはなりませんが、かたくまはそれほど技は必要ではありません。しかし、いずれも力が必要です。子どもたちはこうした力を出し切ることに爽快さを味わっているのでしょう。子どもたちはこのような遊びを休憩時間にしているだけでなく放課後家の近くの公園でもしていますし、お父さんに見てもらいながら練習をしている子どももいます。同じような作文が続きますが、なぜこのような練習を始めたのかを書いている作文を紹介します。

バックてん　五年　男

ドッシンと、ぼくが頭からおちた。

「いた。」

と、ぼくがいうと、やっちゃんが、

「もっぺんやってみ。」

と、いった。

ぼくはなんどもなんどもバックてんのれんしゅうをした。いつも頭からおちる。バックてんはふざけてすると、くびのほねをおることがある。なんでぼくがバックてんをやりだしたか。はじめふざけて、

「やっちゃん、バックてんやったろか。」

といってやってみると、頭からおちた。それがためしにやり始めた。

この場所は貝がら公園だ。

ぼくはなんどもひっしでやったけど、頭からおちて、

「いた。」

ばかりいうばかりで、なんどしてもできない。足は空中に上がり、手は後ろにいく。頭はすな場の中につっこむのでいたい。だから、ぼくはブリッジからやりはじめた。ブリッジがうまくできたのでバックてんのれんしゅうを始めた。バックてんというのは後ろへ飛ぶのでなんかへんな気がする。足が上に上がり、頭が土の中につっこむので「ドシン」とおちて、

「いた。」

とかいっている。ぼくは、こけたらまたすぐ立って、もとの場所に走ってかえりまたする。なんど

やってもできそこないばかりだ。

作者は友達と「かたくま」をし合って遊んでいるときも失敗を重ねていますが、ブリッジができるようになると次はバック転の練習を始めています。これは作者が根気強いというのではなく、子どもは自分の力を出し切って新しい技を身につけることに強い意欲を燃やすことを示しているのだと思います。発達盛りの子どもは、無意識のうちに力を出し切る遊びにはまっていくのでしょう。

ベッドでよう子ちゃんとあそんだ

二年　女

「ベッドであそぼう。」

「えーでー。」

「あんまりドンドンせんとこな。」

「うん。」

「あたまうったらこわいよ。」

「でも、あたらんでー。」

二人でいった。ふとんを二人でのけた。

「どっこいしょ。うんとこしょ。」

と、つなひきをしているみたいだ。一人べやにおいた。よう子ちゃんが、

「これでぜんぶのけたの。」

「そうと思うよ。」

まくらものけた。ぜんぶおいた。ひろくなったのでよう子ちゃんが、

「ジャンピングして、本のあるとこにとどいたら一つてん入れることしたらええと思うねんけど。」

「それもそうや。やろ　やろ。」

と、二人でそうだんをした。

ベッドはひといきとぶと、空にとどきそうにま上へ、ドターンと上にいきます。

ちょっとれんしゅうをしてやることにした。よう子ちゃんが、

「ようい　ドン。」

ドターン。ドターン。二人ともま上にとび上がった。よう子ちゃんは、木にとどきそう。わたしは、もうひといき。とびながら思った。わたしは、「二人ともあかんわ」と、思った。つぎに一回せんがあるので、ええなあー。よかった。と、よう子ちゃんは思っているかおだ。

よう子ちゃんは、とんだら赤くなります。山本くんもジャンプをしたら赤くなる。二人ともおたがいさんだ。そう思っているうちに、一回せんがおわった。わたしが、

「ジャンプしたら、よう子ちゃんはかお赤くなる。山本くんとおなじやでえ。」

「そうか。」

二人でわらっていた。そして、よう子ちゃんが立って、

「それより二回せん。」

「さっきはおんなじやったけど、こんどはかつで。」

「まけるもんか。」

と、二人でかつかまけるかわからないのに、二人でえらそうにいった。わたしは、おいわさんみたいに白くする。よう子ちゃんは赤。まるでぼうしをかぶっている二人みたいだ。おもしろくなってきた。よう子ちゃんが、

「もう二回せんしてもいい。」

「うん。いいでえ。」

「そしたらするで。」

「ようい　ドン。」

よこから歌がきこえてきたみたい。それは、こういう歌だ。「チャンチャヤカ　チャヤカ　チャヤン　チャン　チャヤカ　チャヤカ　チャヤカチカ　チャヤー」という歌だ。元気がわいてジャンプ。よこを見ると、わたしがかっている。

「うそやー。」

といいながら、上を見たら木のところに手がついていた。わたしは思わず大きい声で、

「よう子ちゃんにかった。生まれてはじめてやあ。」

と、うなってさけんだ。よう子ちゃんは、こう思っていると思う。もうよっちゃんなんかにまけて。

うん、くやしい。と、口をもぐもぐあけてるみたいだ。でも、うれしいので、三回せんもかつでえ。二回かったらゆうしょうやあ。「ぜったい二回かったら、ゆうしょうき作ってもらったる」と、思った。早く三回せん。でも、つかれはてるから休みにしてもらおう。

「よう子ちゃん、ちょっと休ましてなあ。」

「うん。」

といって、二人は休んだ。

三回せんがはじまります。よう子ちゃんが、

「ようい　ドン。」

またはじまりました。

ドタ　ドタ。ドタ　ドタ。二人ともまけるものかと、ジャンピングをした。よう子ちゃんは、ドンドンときこえたみたい。よう子ちゃんのかちだった。よう子ちゃんは、わたしがかったときのことを思っているだろう。


このような遊びをされるとベッドが壊れてしまわないか心配になります。しかし、二年生の子どもはそのようなことはお構いなしです。自分の力が出し切れる遊びが楽しいのでしょう。このような作文を読むと、子どもたちに戸外でうんと力を出し切って遊べる遊びをさせてやりたいという思いが強くなります。

こま

五年　男

「ようし、みんなひも巻けよう。」

と、そわ君がいった。ぼくは、

「こんどもこの勝負もらうぜ。」

というと、そわ君も、

「あほらしい。こんどはぼくが勝つ番じゃ。」

と、いせいのいい声でいった。

ひもが巻き終わった。

「よおし、いこか。」

「あ、ちょっと待って。」

と、ふじ沢君がいったので、すこし待ってやった。

「ワン、ツーのースリー。」

ぼくは思いきり投げて、ひもを力いっぱい「ぐいっ」と引いたら、こまがもどってくる。それを手で受ける。長いこと手の上で回っている子が勝ちになる。これは手を引かないとはじいてしっぱいするので、ぼくはしんけいをつかって受けた。「もし　しっぱいしたら、かっこが悪いもんなあ」と、思った。こまが手にのった。しんと手がひっついたときはちくっとしたが、十秒くらいたてば反対にくすばくなった。みんなのこまをかしてもらって回してみると、どっちかといえばいたい方だ。だからぼくは、

「ぼくのこまは上等だなあ。」

と、じまんした。ぼくは、「なるべく長いこと回っていろよな」と心の中でこまにいいきかせた。

二十秒ぐらいたったら、みんなのこまはだんだん弱みがでてきた。そわ君は、

「ああ、止まるな。止まっちゃあ　あかん。」

と、こまに向かって、ものをたのむようにいっていた。

三十秒ぐらいたった。みんなのこまはしだいに弱まってきた。中には、止まっていく子が出てきた。

ぼくは、

「へへへ。ざまあみろ。」

と、小声でいってやった。

ぼくのこまもしだいに弱まってきた。

「ああ、止まるな。もうちょっとのしんぼうやからな。」

と、ぼくは、こまに最後の力をふりしぼってもらおうと思ってたのんだ。とうとう勝負はぼくと中島君の二人にしぼられた。「はよ中島のん止まれへんかなあ」と、思った。

「ああ、あかん。もうちょっとで止まる。はよ、中島のん止まれ。」

と、ぼくは大声でいうと、中島君は、「あほらしい」というような顔つきをしていた。

とうとう中島君のこまが止まった。

「やった。」

と、小声でいった。それから五秒ぐらいたって、ぼくのも止まった。

「みろ、勝ったやろ。ぼくは、うそはいわないことにしている。」

「ちぇ。うそばっかりいうとら。」

「ゆうちゃん、はじめいうとったんどないしたんや。」

「そんなん知らんやん。こまが早よ止まりやがんねんから。」

と、口をとがらせながらいった。それから、

「この　この　この。」

といって、こまをたたいていた。

「そやけど、森脇のこまやるやん。」

と、みんなにいわれて気持ちがよかった。

それからぼくは自信が出てきた。

「さあ、次も勝ったるでえ。」

と、ぼくがいった。ぼくは前よりも力を入れてひもを巻いた。それは、自信が出たからだ。

「ようし、三連勝やったる」と思って、こまを手にとって、こゆびとくすりゆびの間にひもの先をはさんで、ひもを「ぎゆっ」と、しめた。そしたら、ひもがほどけてしまった。「ああ、ちょっと力が入りすぎてもた」と、ぼくは「しまった」と思った。

「いくでえ。」

と、そわ君がいった。

「ちょっと待って、いまひも巻くから。」

と、こんどはぼくが待ってもらった。

「さあやろ。」

といって、

「ワン、ツーのースリー。」

といって、思いきり投げて引いた。それから受けた。「あれ、このこま、だいぶんしずになっとら。さっきやったら、ちくっとしたのになあ」と、ぼくはふしぎになった。

「このこま、しずになったから、またこの勝負おれの勝ちやな。」

「今度は、おれが一番になったろ。」　※　しず=回っているコマの心棒が静かなこと
と、中島君が自信まんまんそうにいった。

「森脇の、よう見たら古いなあ。」

「これ三年前に買ったんだよ。」

「やっぱりな。それくらいかからな、そんなにぼろになれへんわ。」

と、そわ君がいった。

「こんなん、古いほうがええねんぞ。」

と、ことばを返してやった。「このこま、はげとうところがきれいなあ」と、ぼくはこまを見ていた。

そんなことを思っていたら、二・三人の子が止まっていた。また、最後には、ぼくと中島君になった。

中島君のこまはゆるくなったので、左右にかたむいてきた。ぼくのもゆるくなってきた。

「これは森脇の勝ちやな。」

「あったりまえよ。」

中島君のが止まったので、ぼくは勝ったと思ってこまを止めた。

「みろ、ぼく三連勝やぞ。」

「森脇、かっこ、そえやん。」

と、ふじ沢君にいわれて、むねをはった。

三連勝したので、ぼくは気持ちがよかった。ぼくはこまが大すきになった。


子どもはこのように友達に勝てるととても喜びます。しかし、子どもの世界ではいつもこのようにはいきません。負けてしまって悔しい思いをしている子どももいます。いずれにしても子どもたちは技を競い合うことに喜びを感じています。

ところで子どもは公園の片隅や路地裏などで一人で壁に向かってボールを蹴ったり投げたりしている姿をよく目にしますし、一人で一輪車や鉄棒の練習をしていることも少なくありません。子どもは上手になりたいという思いが強く、一人でも練習を始めるのです。

どうしてもさか上りができなかった　でもできた　　　二年　女

「金本さん、さか上り教えて。」

「いいよ。」

「いっかいやってみ。」

といった。

「あっ、村井さん、足のびてるよ。」

「こうしてまげたらいいねん。」

と、いってくれた。

なんかいも　やっても　できなかった。どうしても足がのびてしまうのかな。ふしぎだった。中川さんや村上さんらは足がまがってできるのだろう。わたしは「はやくさか上りができたらいいのにな」と心の中で思った。

一日めはできなかった。

学校にきてからまたれんしゅうした。でも、できなかった。お母さんにきいた。

「どうしてわたしさか上がりできないの。」

と、きいた。そしたら、お母さんも金本さんとおなじことをいった。やっぱし力がいるのかなと思った。

また一日がおわった。

そして、すぐ学校にいったとき　さか上がりをしたらできた。やっとできた。心ではとび上がるくらいうれしかった。ゆめじゃないかなと思ったから、もういっかいやった。そしたらできた。やっぱしゆめじゃなかった。なんかいもやった。できた。

うちにかえったって、お母さんやお父さんやおとうとやおじいちゃんみんなにいうた。そしたら、みんなこたえはおなじ。

「あら　そう。よかったねえ。」

わたしは、だんだんうれしくなくなってきた。でも、さか上がりができてうれしいです。


作者は「逆上がり」の練習に何日費やしたのでしょう。初めは友達に教えてもらっていますが、朝、登校するなり練習を始めています。作文には書いていませんが休憩時間も練習していたに違いありません。子どもは誰からも言われなくても、技を身につけ、自分も上手にできるようになろうと努力します。

このようにして子どもが技や力を身につけた時、案外大人（教師も含めて）は無造作に対応していないでしょうか。ひとことでいい「頑張ったね、よかったね」と、声をかけてやりたいものです。

ところで「表記」の問題ですが、作者は作文の中ほどから少し後ろに「すぐ学校にいったとき　さか上がりをしたら」と書いていますが、この部分は「学校へ行ってすぐに　さか上がりをしたら」と書けば事実と一致します。明らかに不正確な表記ですが、このような表記上の不確かさや不十分さは本論の中に引用している作文の中にたくさんあります。しかし、私はこのような問題を作者にあまり問いたくありません。なぜなら、このような問題は作文とは切り離して国語の時間に、これに類する問題を提示し、子どもに考えさせればよいと考えているからです。作文は、あくまでも作者が書きたいと思っている「思い」をしっかりと受け止めてやるべきものだと思っています。

また、「なんかいも　やっても　できなかった」という部分がありますが、ここは「なんかいも」の「も」を取り、「なんかい　やっても　できなかった」と、すれば文がすっきりします。しかし、作者の思いは「何回も」という回数と、練習を「やった」ということが同じ重さであり、「なんかいも　やっても　できなかった」という表現のほうが心にぴったりとしているのだと思います。子どもは自分が獲得していることばのありたけの力を出し切って表現しており、子どもの表現を大切にしてやりたいものです。

ていぼうからの飛びこみ

四年　男

「武継、早よ飛びこめ。」

と、悟のお兄さんのつよしにいが言いました。

ぼくは、夏休みにいなかに帰りました。飛びこめと言われたていぼうというのは、高さが五メートルぐらいです。海の深さは、四メートルぐらいです。

ぼくは最初、高さが五メートルぐらいだのにもっと高く感じました。それに少しこわかったので、

※　堤防の高さが本当に五メートルあるかどうかは不明

「いやや。」

と言いました。すると、悟が、

「なんや、だらしがないなあ。」

と、言いました。

「悟こそ、飛びこんでみろ。」

と、言い返しました。

「うきわつけてやったら飛びこんだるわ。」

と言って、飛びこみました。

ぼくが、悟の方に気をとられていると、つよしにいに後ろからつき落とされました。

ぼくは海の中からなかなかういてきませんでした。海面にはあわがたっていて、海の水が白くなっていた。けれども、急につき落とされてびっくりしたけど、はくりょくがあって、なかなかういてこなかったからおもしろかったです。だから、ぼくは自分からも飛びこみました。

初めの時は、まだ、なんとなく不安だったけど、五回か六回飛びこんでいくうちになんとなくそんな気持ちはなくなっていきました。

悟が、

「たあちゃ、船からも飛びこも。」

と言ったので、りょうしの船のおいてある所まで泳いでいきました。りょうしの船はていぼうの近くにおいてあるので、そんなにはしんどくありません。そして、なるべくかかりのついて、タイヤのぶらさがっている船をさがしました。ちょうどよい船が見つかりました。

「悟、この船にしよか。」

と言って上にあがると、悟といっしょに飛びこみました。悟は、飛びこんでいると中で、うきわからはずれて、

「たあちゃ、助けて。」

と、言いました。いそいで悟のうきわを取ってきて、わたしてあげました。悟は、

「助かった。」

と、言いました。ぼくは、悟に向かって、

「おまえこそだらしがないやねん。」

と、言い返しました。

「たあちゃかって、最初はていぼうから飛びこむの、こわがっとったやろ。」

と、言われました。

「まあええやん。これでおわいこや。」

と、言いました。

「もうなかなおりして、また飛びこも。」

と、悟に言いました。だけど、

「もう飛びこむのいやや。」

と言って、飛びこもうとしません。でも、ぼくが飛びこんでいるのを見ると、悟は、

「やっぱり飛びこむわ。」

と言って、またいっしょに飛びこみました。

ぼくは、つよしにいがいないのでびっくりしました。今まで友だちとていぼうから飛びこんでいたのにな。と思いました。船の周りを見てみると、ていぼうの近くで、水から上がると海にもぐったりして、同じことを何度もくり返していました。

つよしにいが船の近くにきてみると、いそもんという貝をいっぱい持っていました。つよしにいは、

「これを持って帰って、ゆがいて食べよ。」

と、言いました。

また、ていぼうまで泳いで行ってから飛びこみました。悟もいっしょに飛びこみました。すると、つよしにいが、

「もう帰ろ。」

と、言いました。ぼくと悟は、

「もう十分だけ待ってえな。」

と、言いました。そしてまた、ていぼうから飛びこみました。今度は水中めがねでもぐってみると、いそもんがたくさんいました。ぼくは取りたかったけど、取っている間に十分たってしまうと思ったので、取るのを止めて、ていぼうから飛びこみました。すると、つよしにいが、

「後、五分。」

と、言いました。ぼくらは、

「もう五分もたった。」

と言って、悟に、

「もう一度船まで行こ。」

と言いました。さっきまで飛びこんでいた船まで急いで行きました。つよしにいが、

「後、二分。」

と、言いました。ぼくらは飛びこんだり上がったりとてもいそがしかった。


このような遊びは大都市の子どもたちが日常的にできる遊びではありません。しかし、子どもたちが楽しんで遊んでいる作文を読むと、子どもたちが喜々として遊んでいる様子が目に浮かびます。作者ははじめ堤防から飛び込むのには怖さを感じ尻ごみをしていますが、「急につき落とされてびっくりしたけど、はくりょくがあって、なかなかういてこなかったからおもしろ」く感じ、その後どんどん飛び込み始めています。一度どんな形でもできると、自信が出てきてやり始めるのです。

子どもに読み応えのある作文を書かせるためには、子どもに張りのある生活を体験させてやらねばなりません。

○子どもは砂遊びや水遊びを好む

すなばで作ったふじさん　　　　　　　　二年　女

学校へきて中川さんとすなばへ行った。

さいしょ、あなをあけました。ずんずんあなをあけていくと、上のほうは生あたたかくって、下のほうはつめたいです。そして、上のほうは白いすなばかりで、下のほうは、ちゃいろとくろがまざっている色です。下のほうのすなはやわらかくって、上のほうはちょっとざらざらです。

いっぱいあなをあけたら、中にある土で、

「お山　作ろう。」

中山さんがいった。

「そうしよう。」

とさんせいをして、お山をじょうぶに作りました。きれくなってうれしいです。すなのかわいたやつでやりました。それをふじさんにしました。

いつまでもおいときたいですが、さよならほうそうもなったし、いつかだれかに　つぶされるので三十分だけおいてつぶしました。

砂場で遊んでいるのは幼児や低学年の子どもだけではありません。中・高学年の作文は省略しますが、けっこう中・高学年の子どもも遊んでいます。砂遊びはその時々、子どもの心に思い浮かぶことを自由に形にすることができ楽しく遊べるのでしょう。多くの子どもが砂遊びを題材に作文を書いています。

土とすな　　二年　女

土で山をつくったらくずれなかった。すなでつくったらちょっとくずれた。土でつくったほうにあなをあけていったら、土のほうがつめたい。すなで山をつくったほうにあなをあけたらあなはあったかくってあなをあけたらくずれてきた。すなはざらざらして、土はさらさらしている。でも、すなと土とくらべたらすなのほうがすぐとれていく。なんでだろう。

土でだんごをつくったら、じょうずにできた。すなでつくったらじょうずにおだんごができなかった。ちょっとすなのほうに水をいれた。そしたらできた。でも土とくらべてみたら土のほうがちょっとかたくて、すなに水をいれたほうがやわらかかった。

この作文を読むと、子どもは遊びながらいろんなことを感じ取っており、いろいろと試し、考えていることが分かります。子どもは遊びながらも新鮮な感覚で物事に接しているのです。

池でダムを作った

二年　男

さいしょ、チャイムがなった。そしてぼくが、

「池いこっ。」

ていうた。そしていった。

ぼくと、中西くんと、和田くんと、はまおかくんでダムを作った。はまおかくんが、

「だい一ダム作るで。」

っていうた。そして、ぼくが、

「だい二ダム作るで。」

っというた。そして、和田くんと、中西くんが、

「だい三ダムと、だい四ダムと、だい五ダムを作るで。」

っていうた。そして、ぼくが、

「むこうのみずがながれるとこを四人で作ろ。」

っていうた。そして、やっとできた。

そして、ちょっとまして、ぼくが、

「もういっこあなのとこ作るで。」

っていうた。そして、中西くんと、はまおかくんと、和田くんが、

「いいで。」

っていうた。

そして、チャイムがなったからぜんぶつぶした。みずはすごいながれてこうずいみたいでした。

多くの学校に池があります。しかし、そのほとんどは観察・鑑賞用の池で、池で遊ぶことができません。私の勤めていた学校も例外ではありませんでしたが、私が管理の係になったのを機にこの条件を緩和しました。すると子どもたちは作文に書いているように休憩時間になると急いで池に向かって走り出すようになりました。

この池は運動場のそばにあり、池に注水している水が僅かですが常に流れ出し、池の周りに造られている高さ二〇センチばかりの小さな築山に小さな谷をつくっていました。子どもたちはこの谷にダムを作って遊んでいたのです。

子どもたちはダムを作るために運動場の砂を集めて水をせき止めます。そのため排水溝に砂が溜まり、何度も子どもたちといっしょに溝さらえをしましたが、学校にはこのように子どもが水辺で遊べる場所が必要だと思います。

◦子どもは生きものに触れたり、植物の世話をすることに興味を示す

バッタで　あそんだ

二年　男

はまおかくんがきゅうに、

「バッタ見つけた。」

と、いった。はっぱの上にいた。ぼくが、

「おいてん。」

といって、はまおかくんがおいてくれた。バッタがはじめあるいて、つぎに三〇ミリとんだ。ぼくが、

※　三〇ミリ＝三〇センチの誤りか?

「こうえん行ってバッタであそぼ。」

といって、こうえんについた。はまおかくんが、

「すべりだい行こう。」

といって、すべりだいにきめた。

ぼくが上にいて、はまおかくんが下にいて、上にいたバッタをとばせた。あるいてコロコロっていくばっかし。

つぎやると、バッタがおちてしまった。下におりてさがしたけど、バッタはいなかった。

五時になって、さいしょバッタを見つけたところで、はまおかくんがまた、

「バッタ見つけた。」

といって、ぼくが、

「あずかるからかえり。」

といった。


作者は放課後学校へ遊びに来て学習園でバッタを見つけたのです。たぶんオンブバッタでしょう。私が勤めていた学校は職住混在の地域で学習園もとても狭いものでしたが、わずかばかり植えていたサツマイモ畑にはオンブバッタやヒシバッタがいました。子どもたちはこのバッタが目当てでよく学習園に来ていました。そして、子どもはやがて学年が進むとバッタで遊ぶだけでなく観察も始めています。

バッタ取りをしてかんさつした　　四年　女

「あ。バッタや。」

九人の子どもたちがいっせいにバッタを取ろうとした。

学習園の東がわのへいのところに、さつまいもを植えている。たたみぐらいの広さだけど、案外バッタがたくさんいた。葉っぱの真ん中にあなが二・三こあいていた。私は、「ははあ、バッタが食べていたんだな」と思った。それで近くにいると思った。

葉っぱの上を注意して見ていると、オンブバッタが一ぴきいた。そのバッタを高嶋君が取ろうとして手をだした時、バッタがいきおいよくはねて近くの葉っぱへピョンと飛んでいった。私は心の中で、「バッタってすごくはねるんだな」と思ってバッタをさがした。

バッタは、はじめ葉のかさなって見えにくいところに、「あんなやつにつかまってたまるか」と思っているのか、かくれている。私は、「ようし捕まえるぞ」と思って、葉っぱを動かした。そしたちバッタがピョンと飛んで出てきた。「そら捕まえよ」と両手でかぶせたら、またピョンと三十センチほど飛んだ。今度はそっと音を立てないように、バッタの上から両手でかぶせた。でもまた、ピョンと逃げた。「後ろにも目があるのかな」と思った。手の合わせ方が悪いのか、すきまがあるのか、すぐ逃げられてしまう。

何回も逃げられて、葉っぱのところから土の方へ逃げていった。バッタも必死に逃げてるけど、私も必死で捕まえているんだから、すなおに捕まってくれてもいいと思った。

今度は指と指のすきまがないようにきっちりひっつけて、まず片手ですばやく押さえて、もうひとつの手でかぶせた。

「やった。捕れた。」

喜んでにぎったら、すきまからごそごそ動いてピョンと逃げた。下の土に逃げたから、すぐに足をつかんだ。手を合わせて入れると、手の中でごそごそ動いてこそばかった。あまりこそばかったから、なにをしてるのかなと思ってそっとすきまを開けたら、黒っぽいような黄色のようなベチャとしたフンをしていた。

「わあきちゃな。」

と言ってフンをはらったら、バッタがいるのを忘れていてバッタが逃げてしまった。しかたがないから、もう一度いも畑の中をさがした。中に入ったら先生にしかられるから、上からじっと見ていた。そしたら、葉っぱの間からごそごそ出てきた。今度こそしっかり捕まえようと思ったのに、ピョンピョンと葉っぱの上を飛んでいった。先生が、

「いも畑の中に入ってもいいけど、葉をふまないように。」

と言ったけど、入って葉っぱをぐちゃぐちゃにふんで先生にしかられたらいややから入るのを止めた。

「あああ、逃げられた。」

そしたら、向こうがわにいた星加君が捕まえてそれを私にくれた。それに先生も一ぴきくれた。

バッタの顔を見たら、細長い顔でキュウリのような顔だった。細い線がたてにいっぱい入っていた。ひっくり返しておなかを見ると、顔のように線があった。顔の両横にだ円形の小さな目があった。「こんな目で私たちが見えるのかな」と思った。もっとよく見ると、せなかに小さな三角のような羽があった。先生が、

「まだ幼虫だから、この羽では飛べませんよ。」

と教えてくれた。それであんなにピョンピョン飛べるのに、大きくなったらいまよりも、もっと飛

べるから捕まえにくくなると思った。

バッタには六本足があって、前足と後ろ足の間にある足は小さくて、後ろ足は太くて長い。じっとしているときは、その後ろ足はくの字みたいに曲がっている。足の先には、細いひげのようなつめが生えていた。私は、「なんの役目するのかな」と思った。先生が、

「足のうらは、葉の上ですべったりせんようにあるんです。犬の足のうらの丸くプクとふくれたところと同じ役目をします。」

と、教えてくれた。私はなるほどそうかと思った。

頭の先にちょっと太めの短いひげがあった。これがしょっかくかと思った。私はバッタのいろいろなことを知りました。


私が学習園にいると子どもたちがいつもたくさん集まってきました。この作文もこうした休憩時間の様子を書いたものです。小さな学習園ですがキャベツやアブラナなど、年間を通じて植えておくとモンシロチョウの卵や幼虫、蛹などがかなり長い期間観察できますし、飛んでも来ます。また、冬にカマキリの卵を野山で採集してきて学習園に置いておくと、大都会の職住混在の街の小さな学習園でも孵化したばかりの小さなカマキリが観察できるだけでなく、秋までカマキリを観察することができます。子どもたちはこのような虫に触れる機会を求めています。ほぼ同じ内容の作文ですがもう一つ紹介します。

オンブバッタ

四年　女

今日、私が岡崎さんと二人で志里池公園のグランドの方で遊んでいたらオンブバッタがはねて土の上にとまりました。そろっとつかまえようとしましたが、はねてまた土の上にとまりました。こんどもそろっとしようと思ったら、次はとんで一メートル先の方の草の中に入ってしまいました。見に行ったけれどもいなかったのであきらめました。

そして、私は考えました。

私が見たオンブバッタは茶色のうすい色のオンブバッタでした。岡崎さんが、

「あれ、もしかして大人のオンブバッタとちがう。」

といいました。私が、

「ほんとやな。」

といいました。私は大人のオンブバッタを見たのは初めてでした。

私は家に帰って図かんを見てみたら、オンブバッタのことは書いてありませんでした。ほかをさがしてもありませんでした。茶色のうすい色のオンブバッタのことをあきらめました。

子どもは色の違うオンブバッタを見つけると興味を示し、さっそく図鑑で調べています。子どもは私たち大人以上に探究心を持っています。この探究心こそ、物事を学びとっていく力の源になっており、子どもはこのような体験を通じて科学の芽を培っていくのでしょう。

ばった

二年　女

ばったをいれる虫かごがなかった。だから、はこでおとうさんにつくってもらった。それからサランラップをはってもらった。えさをいれるとこだけセロハンテープをはらなかった。それでできあがった。

わたしはあつかったのでばったのまえでせんぷうきをあてた。サランラップをはったところにせんぷうきがあたってサランラップがういた。

それからばったがはこの上にのぼってきて、弟がこういった。

「ねえちゃん、虫、虫。」

といった。わたしは弟がばったのことを「虫、虫」というからおもしろいのでわらってしまった。

「わはは。わはは。」

「わはは。わはは。」

「わはは。わはは。」

とわらった。

それからきゅうりを四センチぐらいにきった。それからトマトを半分にきった。それからきゅうりにつまようじをさしてトマトにもつまようじをさした。

ばったのいろは「きみどり、ちゃいろ、はいいろ」のいろをしていた。

小さなばったがはっぱの上にとまっていた。つまようじにものぼっているばったもいた。ばったはぴょんぴょんとぶからおもしろい。

私は「あつかったのでばったのまえでせんぷうきをあてた」という子どもならではの心遣いに心が動かされます。大人にはとてもこのような発想が生まれてきません。この、その子、その子の思いを大切にしてやりたいと思うのです。戦後一貫して、学習指導要領で「その子、その子の思いを大切にする作文教育」の大切さが強調されたことがありません。

まゆになったカイコ

四年　男

学級にカイコをかっています。もう、いっぱいまゆになっています。
学校にクワの木があって、カイコはクワしか食べないのです。まゆの長さは４センチから３センチぐらいです。カイコの長さはいっしょです。さいごにものすごいうんちをします。それからまゆになります。まゆになる前に口から糸を出します。クワの葉を食べません。

とても短い作文です。もう少し詳しく書いてほしくなります。しかし、私はこのような作文にも注文は付けず、学級の一枚文集にも載せていますし、教室の後ろの黒板にも書かせています。そして、黒板に書かせた後、学級の子どもたちに「西川君はカイコがまゆになるまでの様子をよく見ています。よく見ているところはどこでしょう」と、問いかけています。すると、カイコが繭を作り始める前に糞を出すこと、口から糸を出すこと、繭を作り始める前はクワを食べなくなることなどの意見が出るだけでなく、カイコの色が変わってくることや、カイコが繭を作り始めた頃は中が透けて見え、カイコが糸を出しながら体の前半を円を描くように丸く動かし、また逆を向いて糸を出すため、繭は細長くて端が丸く、中ほどがわずかに細い繭になることなど、作文には書かれていないことを発表する子どもが出てきます。

作文の表現指導は、書いた子どもに「糸を出している様子をもう少し思い出して」などと「詳しく書く」指導をするよりも、たとえ短く書き足りないと思われる作文でも、評価すべきところをしっかりと評価してやれば、ごく自然に子どもたちの力でより細かな観察や思い起こしをしてくれます。

かまきりとかまきりのけんか　　二年　男

かまきりのなわばりのところをさがしたら、かまきりがいた。手にふくろをつけて、かまきりはかまでくさにひっかけて　しぶとくかまをくさにひっかけた。ぼくがくさをちぎって　そうっとせなかをもってとった。先生は、

「岩におらたらおおけがするからきをつけよ。」

といった。　　※　岩におちたら＝学校の塀から下の道路へ落ちたらの意

さかにすべっておしりをうった。

「いた。」

といった。かまきりがあばれていた。

もういっぴき青いふくろに入れた。それからおおかまきりがみどりのかまきりの　くびをはさんで目をたべていたのでふくろをふった。だけどしぶとくみどりのかまきりをはなさなかった。かまきりのかまはぎざぎざだからはなさなかった。かまをからだにはさんで、あしをぎざぎざの口でもぐもぐたべた。すごくふくろをふったけど、はなさないから一つ一つふくろに入れた。くっつけると、かまとかまでどっちもおおきくかまをふった。

この作文は作文を書く時間に書いたものではなく、作者がみんなに知らせようと思い休憩時間に書いたものです。子どもは自分が見つけたり、経験したことをみんなに知らせたいという欲求を持っています。また、低学年の子どもほど小さな生き物にも関心を示し、学校の池のそばや砂場、樹の幹などにいるアリの様子などもよく見ており、たくさんの子どもがアリの作文を書いています。子どもは小さな虫でも見落とさないのです。

ありと

二年（四月初め）男

ありがコンクリートの上にあがっていってえさをさがしていました。
じょうありがいけのところにいたけれど、ありはえさをさがしていました。じょうありはろくぼくのところにいました。
ありとありがえさのとりやいでけんかしてました。

ありのすにえさをはこんでいくのをみました。ありはすにかえりようところをみました。じょおうありはでてきてえさをさがしていました。

木にのぼりようありもみつけました。

すなばにいきました。ありは十三びきみつけました。じょおうありは三びきみつけました。

すのなかにはえさがようけありました。しらん虫がいました。その虫はありのすに　もぐりこみました。

ありははっぱのところにもいました。けむしがはっぱをたべて、ありはけむしをころしてすにもっていきました。けむしは木ににげていきました。はっぱについても　おっこちてしまう。

じょおうありがきて、けむしをはこびました。じょおうありがしらんむしとたたかいました。

作者は「じょおうあり」と書いていますが少し大きなオオクロアリのことかもしれません。まだ二年生なので観察は不確かなところがありますがとてもよく観察しており、いろんな場所にいるアリを観察しています。これだけ観察しようと思うとかなりの時間も必要ですし、根気もいります。文章は拙いですがよく観察したものだと感心させられます。

あり　　　　二年　女

わたしがふろに入ろうとしたらありのぎょうれつを見た。わたしはこわくていそいでにげた。だけどきになるなあ。ありさんはどこからきたのかなあ。なにをしにきたのかなあ。またありのぎょうれつを見にいった。いそがしそうにいったりきたり。とまってはアンテナみたいなものでなにかあいずをしているようだ。でもきもちわるい　ありさんだ。

家の中でアリの行列を見て驚いたのでしょう。しかし、驚きながらもアリの動きを細かく観察しています。この驚きを知らせようと、家で書いてきてくれました。

やごとり

二年　男

やごをとった。ぼくと山本くんとわ田くんといっしょにやごとりをしました。やごがおったから手をつっこんだ。とれたけどニュルニュルした。すなもいっぱいとった。そのまに山本くんにとられた。ぼくはくやしかった。

「ぼくもとったんでい。」　※　とったんでい＝取ってやるぞ

そしてとれた。ちょっと大きかった。ぼくは、

「あっ。」

といった。もう一ぴきおったからとった。ぼくは、

「ほしいなあ。」

といった。

ぼくは池のほうにいった。一かいはっぱをどけたらおったけど、

「にげあし早いなあ。どうしてかなあ。」

やごはおよぐときおしりからなんかをだす。なにかなあ。

そして、いまのやごはこいの上にのったから、

「ハハハハ。」

とわらった。

もうやごはむこうのほうへにげて山本くんのほうにいった。ぼくはおいかけた。早くおいかけた。

そして、

「つかまえた。」

といった。


学校の池にはプールの掃除をした際に、プールにいたヤゴを放していたため夏の初めたくさんいました。子どもたちはそのヤゴに目をつけ、毎日のように休憩時間になるとヤゴ取りをしていたのです。作者はあまり上手に捕まえなかったようですが、やはりヤゴが素早く移動するときに腹部の末端（肛門）から水を噴出して素早くおよぐ姿をしっかりととらえています。また、四年生の子どもはヤゴの顔の形の特徴を観察しています。

やごの目

四年　男

やごの目は
とんぼの目に　にている
でも
かまきりにも　にている
やごは
めだかを　たべた
でも、一ぴきは
じいっと　していた
はっぱの　上をとおったり
もう一ぴきの　やごの上を
ふんでいったり
かおは　やっぱり
かまきりに　にている

子どもの観察力は鋭いものです。子どもたちがヤゴ取りをしているのを見ていますと、ただ逃げるヤゴ

を捕まえようと夢中になっているように見えますが、ただ捕まえるだけでなく、その子、その子がいろんな思いをこめて観察しています。

ハトを見つけた

四年　男

「たあちゅ、ハトおるとこ教えたろか。」

※　たあちゅ＝武継君の愛称

と、悟が言った。

「うん、みせて。」

と、ぼくも言った。

「ほな、ついてこいや。」

と言って、交通公園の南の方の小さい野原みたいな所に行った。やぶの下をのぞいてみると、一わ、首だけ出していた。

そのハトを、仲間が出してみると羽根をけがしていた。ぼくは、

「みんなで育てよか。」

と言った。

「うん、育てよ。」

と、みんなも言った。

「パン持ってくるは。」

と、ぼくは家に帰ってパンを持ってきた。でも、ハトにやっても食べないので、あきらめてやるのを止めると、守君が、

「ハト、見つけた。」

と言って、持ってきた。今度のハトは、足をけがしていた。

「これもすの中に入れよ。」

と、悟が言ったので、入れました。ぼくは、みんなに、

「ハトのえさ買いに行こか。」

と言って、金平まで買いに行きました。そして、かんかんに入れて、老人ホームのやねの上にあがりました。ぼくは、

「はしご作ろか。」

と言って、作りました。ついでに、ポンプみたいなものを持っていって、電話の代わりにしました。そして、ハトの上に落ち葉をのせて家に帰りました。ぼくらは、朝八時前に集まるやくそくで帰りました。

朝、八時に行ってみると、メスのハトが死んでいました。ぼくらはおはかを作ってやって、学校に行きました。


子どもたちの中には前記の「はととり」の作者のようにハトを捕まえて遊んでいる子どもがいる半面、

傷ついたハトを見つけると、そのハトを何とかしてやりたいという気持ちを起こし、ハトをかくまう場所を考えたり、餌をやったりし、朝は学校へ行く前に様子を見に行き、死んでいるのを見てお墓まで作っている子どもがいるのです。このようなことは大人である私たちには思いもつかぬことであり、誰もしないことでしょう。

現在、「いじめ」の問題が次々と報道されていますが、このような問題の根本的な解決策がみいだせないのが現実です。私はこうした現実に対して根本的な解決策ではありませんが、子どもの心をいかに健やかに育てるかがとても大切なことだと考えています。この、子どもの心を培ううえでとても有効な働きをするのが生活綴方だと確信しています。なぜなら、生活綴方は子どもたちが暮らしの中で生起するありのままの思いや事実を綴ってくれるからです。子どもたちは文を綴ることによって喜びを感じ、時に憂さを晴らしていくとともに、子どもたち同士が響き合っていろんなことを学びとり、感じ取っていきます。大げさな言い方ですが、生活綴方は子どもの心を培う特効薬です。

ところでこの「ハトを見つけた」のように、子どもはいつも生き物に対して優しく接しているわけではなく、時として生き物を残酷に扱ったりもしています。

おたまのかいぼう　　四年　男

初世君が、たかあき君におたまをやった。そのおたまでかいぼうをした。
「初世君にもらったおたまは弱っているからかいぼうしよう。」

と、たかあきがいった。ぼくはしょうちした。

たかあき君の家に行った。

しっぽはなかなか切れなかった。していたら、ゴシゴシという音がした。ぼくは、ぞおっとした。

しっぽが切れて、小さいびんに入れてもまだ生きていた。たかあきが、

「次に目をつぶせ。」

と、変な声でぼくにいった。ぼくは、

「いやだ。お前つぶせ。」

と、たかあき君にいった。たかあきが目を針のようなものでつぶした。目をつぶすとき、

「ぶっちゅう。」

といいながら、たかあきが目をつぶした。

目をつぶしてびんに入れても、まだ生きていた。それから、ぼくが緑色のころす薬を注射器に入れて、おたまのはらに注射した。注射するとき、はらがふくれた。

次にぼくが、

「はらを切れ。」

と、たかあきにいった。たかあきがはらを切った。なかなか切れなかった。切ったらすぐに赤い血が出てきた。またびんに入れた。まだ生きていた。くねくねしながら生きていた。ぼくとたかあきといっしょに、

※　おたま＝オタマジャクシ

「おそろしい。」

と、いった。

びんから出して切ったところを開いて、なにか黒いもにょもにょしたやつを取ってたかあきが、

「これが病気の元や。」

と、いった。まだまだ続けると、たかあきが何でも、

「病気の元や。」

「病気の元や。」

と、いう。もう一回すると、何か黄色いものがひっついていたから、たかあきが、

「これがほんとうの病気の元や。」

と、いった。なんだかかいぼうしたのか病気を治したのか分らなくなった。


正直に言って、この作文を読んで子どもはこんなことをして遊んでいるのかと驚きました。しかしまた、これも子どもの素直な姿です。私自身、子どもの頃トンボを捕まえ、捕まえたトンボの腹をちぎって松葉を挿し込んで飛ばせたり、トンボを糸にくくってカエル釣りをしたりして遊んでいました。子どもは何にでも興味を持ち、興味本位に生きものを残酷に扱ったりしているのです。もう何年も前のことですが四国の四万十市トンボ自然公園の園長さんが「子どもはトンボなどを捕まえるとすぐに翅をちぎったり、胴をちぎったりして遊び始めるが、このような体験を通じて生きものの命の尊さを学んでいく」という意味の

ことを、ＮＨＫの番組の中で話しておられたのを聞いたことがあります。子どもがこのような作文を書いた時、「可哀そうなことをしたな。オタマジャクシも生きていて命は大切なんだよ」と、軽く言ってやるのは必要ではないかと思うのですが、あまり深入りし、厳しく指導するのは避けた方がいいのではないでしょうか。

次に話は植物に移りますが、子どもたちは校庭の周りに咲いている花にも思わぬ心を動かせています。

はな　　　　　　　二年　女

そとに出ると、チューリップがさいていました。いろいろなかたちがありました。さわってみるとおふとんみたいにやわらかかったです。つぼみもありました。二つさいているチューリップもありました。

つぎに三しきすみれを見ました。三しきすみれはうたをうたっているみたいでげん気な花です。三しきすみれはたいようにむかってあつそうです。

やえざきチューリップがありました。まるできくみたいです。やえざきチュッリプは花が大きくて、はっぱが小さいです。

みんなきれいな花でした。

四月の初めに書いたものですが、多くの子どもが校庭の片隅に咲いている花のことを作文に書いており、子どもの豊かな感性と、観察力に驚かされましたが、子どものこうした心の動きは、子どもが作文に書いてくれることによって知り得ることです。

あきちのざっ草

五年　女

犬の散歩をしていたときに、はっと目がちがう方へ向いていた。その目は一人でがんばっているざっ草の方へ、向いていたのです。

その草は、カスミソウのようにきれいな草じゃなくて、一メートルぐらいの高さで、三センチほどはばをとって、もじゃもじゃと葉っぱが出ています。その葉っぱは細長く、長さが十センチほどです。葉っぱをさわってみると、あさがおの葉っぱをさわったような手ざわりで、少しザラザラしていました。葉っぱのふちはギザギザです。短い白い毛も生えています。茎もいっしょの手ざわりでした。においをかいでみると、タンポポみたいでした。

この草は、学校の前の川(三面コンクリートの小さな川)のていぼうの横にある小さなあき地に、いっぱい生えていました。市役所の人が植えたツクバネウツギ（ハナゾノツクバネウツギ・アベリア）の花を追い越して、見えなくなるぐらいのびているのです。

ざっ草は、カンカン照りのお日さまが照っていても、暑い天気にも負けずにがんばっています。

私が一番に思ったことは、カンカンに照っている運動場の日なたで先生のお話を二十分も三十分も聞いている時のことです。でも、ざっ草は私よりか長い時間カンカン照りの日なたで、毎日「ウーン」

とがんばっています。

毎日のように、日照りの中で雨だけをたよりにしているのかなあ。私は今までとちがって、ざっ草みたいなねばり強い子になろうと思いました。

先生にざっ草の名前をたずねてみると、ヒメムカショモギといって、よくにたオオアレチノギクとまざって、公園のあき地や、電柱やブロックべいのすみでも生える草だということが分かりました。


この作文を読むと、子どもの感性にさらに驚かされます。私たち大人はこのような雑草に関心を寄せることは少なく、街路樹の景観を悪くする困った雑草に過ぎません。しかしこの作者は、何の美しさもないヒメムカシヨモギを見てその生命力に感心し、「私は今までとちがって、ざっ草みたいなねばり強い子になろう」と思っているのです。

ところで次の作文と日記は、ある年、子どもたちが自発的に温室や学習園の掃除を始めたときのものです。驚いたことに学級の半数に近い子どもたちが朝登校するとすぐに作業を始め、休憩時間や放課後も休むことなくその年が終わるまで学習園の世話を続けました。

休み時間にするそうじ

四年　男

ぼくたちは休み時間を利用して、温室のそうじをしている。

初めの日は、水を流してはいていたが、毎日やっていると、井上君が、

「水を流したら、砂やゴミが取れへんやねえか。」

と言った。

井上君がそのことを言ってから、水を流さなかった。砂やゴミをはいていたら、天羽君と宗和君がこわれたガラスの所のやつを取っていた。戸の所のガラス取りがすんだ。そんなことをしているうちに、チャイムが鳴った。ぼくは、「まだゴミがあんな」と思った。
※　使用しなくなった温室で割れたガラスが窓枠にたくさん残っていた
教室に帰ってから朝の学習がすんで、先生の机に出して先生が来て、ようやく勉強が終わった。ガラッと戸を開けて、いそいで温室に向かった。
※　朝の学習＝朝、私が教室に行く前に学習係の子どもが前に出てやっていた学習
温室に入った。すると、三人ぐらい屋根のほうに上がっていた。屋根に水を流して、ほうきでこすっていた。それがすんで、花や木に水をあげた。早田君がドライバー、金づち、小さいドライバーを持ってきた。ぼくが、

「ドライバーをかして。」

と言った。すると早田君が、

「末ちゃん、かしたるわ。」

と言って、かしてくれた。ほうきをおいて、ドライバーでガラスのとこのやつを取っていると、ますますガラスの所のふちがきれいになった。

それから二日たって、ぼくも金づちやドライバーを持ってきた。ぼくも、だれかにかしてやった。チャイムが鳴り終わるまでやった。

「だいたいきれいになったな。」

と、ぼくが言った。また、いそいで教室に帰って勉強をした。

三時間日の休み時間に、いそいでやった。ガラスのふちをきれいにして、温室中をきれいにはいて、砂やゴミをほかして、ほうきをなおしよった時にチャイムが鳴った。そのまま教室に帰った。

ぼくは、あしたもしようと思って、学校に来て、温室に入った。すると、ほうきがなくなっていた。五年生がおもちゃにしていた。ぼくは宗和君と二人で返してもらうために行った。一本返してもらった。水で土を流して、もう一本返してもらった。それも同じように水で土を流して二本ともかわかした。

温室の中で五年生が遊んでいるから、

「入らんとって。」

と言った。そういうことがあっても、きちんとそうじをやっている。今きれいになっている。

作者が「そんなことをしているうちに、チャイムが鳴った」と書いているように、朝、学校へ来るとすぐに温室の掃除を始め、「先生が来て、ようやく勉強が終わった。ガラッと戸を開けて、いそいで温室に向かっ」ています。この間の授業のことは全く書いていないだけでなく「ようやく授業が終わった」と書いているように、よほど温室掃除に強い意欲を燃やしていたことがうかがえます。

またこの強い意欲は、作文に書いているように温室の割れたガラスを窓枠から取り外すために、子どもたちは作業能率を上げようと誰からの指図も受けずに自分の判断で家からドライバーや金づちを持ってきているることにも示されてます。

子どもたちのこのような強い意欲は、私の指示でやらせておれば決して生まれなかったに違いありません。子どもは自分の意思で始めたことはどこまでもやり抜こうとする強い意志を働かせるものです。

子どもたちは温室掃除が一段落すると、今度は次の日記に書かれているように学習園の世話に向かっていきました。

日記の一部　　　　　　四年　男

・二人の仲間がふえたけど一人へった

ぼくたちがいつものとおりそうじをしていたら、東君と馬場君が、

「仲間に入れてくれや。」

と言ってきた。ぼくは、

「先生にきょかもうたか。」

と聞くと、二人そろって、

「もうたわえ。」

と言ってきた。

「そしたら、そうじせいや。」

と言った。

「するわえ。」

と言った。すると、萩尾さんが、

「やめるわ。」

と言ってやめた。ぼくらは、

「なんでやめるんや。」

と聞いたら、

「なんでもええやん。」

と言って、やめてしまった。ぼくらは、せっかく二人ふえたのに、また一人へったと思ってがっかりした。

・たねまきをしてたんぽぽをみつけた

「さあ、たがやそか。」

と、天羽君が言った。ぼくたちは、

「スコップがないやんか。」

と言った。

「こうたいでやろ。」

と、相談してからやり始めた。

まず、ぼくと鈴木君とでほり始めた。すると、さつまいものくきがひっかかって、なかなかうまいことほれない。天羽君が、

※サツマイモの茎＝芋掘りをした後、茎を土の中に埋めていた

「ぬこか。」

と言ってぬき始めている。上村君が、

「それこやしになるから、ぬいたらあかんやんか。」

と、おこって言った。やっとやめた。

そして、ぼくと鈴木君は、天羽君と山口君にスコップをわたして、たがやした所にたねをまいた。

※種＝子どもたちが放課後手づくりのポスターを作り貼りだして種を募集した

上村君が、

「水くんでくるわ。」

と言って、花だんの方にジョロを取りに行った。しばらくして上村君がこっちにくると、

「ジョロがないから、ばけつでええやろ。」

と言って、水道の方へ水をくみに行った。

「さあ、これでみんなたがやしたから、たねをまこ。」

と天羽君が言ったので、みんなでひとさし指であなをあけて、うえ始めた。

上村君が水をくんできたので、水をまいた。天羽君が、

「水路作ろか。」

と言って、みんなで周りにあなをほって、そこに水を入れた。山口君が、

「温室もそうじしよ。」

と言って、天羽君と二人で行ってしまった。ぼくと上村君は、

「たんぽぽをとってきてうえよか。」

と、二人で相談した。

花だんの近くに、たんぽぽによくにた草があったので、　　　※たんぽぽによくにた草＝ノゲシ
「これほってみよか。」

と、上村君に言った。ほってみると、根っこが足のようになっていた。上村君が、

「これ、足みたいや。おもろいで。」

と言って、うえかえをした。ほかの花だんのたんぽぽは、ふつうのたんぽぽだった。上村君が、

「こんなけとったら、もう、ええからやめよか。」

といって、やめた。


このように学習園の世話を始めた子どもたちは、放課後、数名の子どもたちが教室に残って種を募集するポスターをたくさん作り、校内のあちこちに掲示しました。すると驚いたことにその翌日から他の学級の子どもたちが種を持ってきはじめ、たくさんの種が集まりました。

子どもたちの発想は面白いものです。種をまいた後に水をまいていますが、水をまくのに「みんなで周りにあなをほって、そこに水を入れ」ています。また、種をまくだけでなく「たんぽぽによくにた草」、実はノゲシですが植えています。まさに子どもの発想です。

子どもが自発的に行う作業には、子どもの「遊び心」を大事にしてやることが必要なのではないでしょうか。このように子どもたちは自分たちの発想が何ら干渉を受けることなく行えたからこそ粘り強く、しかも喜んで取り組んだのでしょう。そのことがよく表れている日記があります。

・ほうか後の水やり

「帰りに、花だんに水やろか。」

と、馬場君が言った。

「うん、しよっか。」

と言って、急いでそうじをやり始めた。でも、岡田さんたちが、ろうかといっしょにやっていたのでおそくなった。そのうちにも馬場君はやっていたので、

「ごめん、ごめん。」

と言って、急いで行った。それで、急いでやり始めた。と中で○○先生が来て、二年生の花だんを見回っていた。しばらくして、

「花だんに水やっとってな。」

と言って帰っていった。ぼくらはびっくりした。だけどしょうがないのでやることにした。

――以下略

花壇（学習園）で水やりをしていた子どもたちが、そのすぐ横の花壇に「花だんに水やっとってな」と言われて驚いています。誰から頼まれたのでもなく、文字通り自分たちの意思で、自分たちが世話をしている部分の水やりをしている子どもたちは、無頓着に「水やっとってな」と頼んで行ってしまう先生の気持ちが理解できなかったのでしょう。だから「しょうがないのでやることにした」のです。同じ作業で、しかも自分たちがしているすぐ横で、何の手間もかからないことでも、理由もなく頼まれるとやる気を起こさないのが子どもなのです。私は、この子どもの心の働きを大切にしたいと思うのです。

たねとり

二年　男

中西君が、

「きょう、たねとりしょう。」

「うん。」

と、ぼくとはまおかくんが言った。

はいしゃにかえるとき、中西くんとはまおかくんがいた。

「わっ。」

と、おどろかせて、早く学校へ行った。中西くんが、ぼくが「おしろいばなのたねとろ」と言ったから、考えてきまった。そしてぼくが、

「あさがおのたねとるわ。」

と言ってとったけど、あさがおのたねはあまりなかった。

はまおかくんが中西くんに、

「ビニールぶくろちょうだい。」

と言って、中西くんとはまおかくんとわかれた。だけど、あさがおのたねがなかったから心の中でくやしくてくやしくてたまらなかった。


この作文は子どものごくありふれた日常生活を綴ったものです。なんの珍しさもありませんが、子どもたちはこうした暮らしの中で身の周りの物やできごとに関心を持ち始め、いろんな事柄に立ち向かっていく力を培っていきます。

たね　　五年　女

理科の時間に、先生が山田君からマメをもらって配ってくれた。さっそく皮をむいて中をかんさつした。その時、ふと、私もお母ちゃんと相談してたねをかんさつしようかな?と思った。

先生はたねの発芽のしかたをくわしく話してくれたので、じつと聞いていた。そして家へ帰って、

お母ちゃんに、

「私、なにか花のたねをかんさつしようと思うんよ。なにがいいかしら。」

と、たずねてみると、

「かんさつするの。そしたらお店でたねを少しずつわけてもらったらいいでしょう。」

「ああ、そうや。長田に大きなたねを売っているお店があるから、あそこで買ってね。」

と言うと、

「そしたら、お母ちゃんの会社へ遊びにいらっしゃい。」

と言った。

私は、その日を楽しみに待っていた。

やっと、約束の日がきたので、学校がすむといそいで家に帰った。そして、宿題をすませると、お母ちゃんの会社へ行った。そして、たねを売っている店へ行って、たねを見ると、マメるいや野菜るい、花るいまでいろいろあった。

私はなにを買ったらいいか分からなくなってしまった。店の中をうろうろしながら、お母ちゃんに、

「どんなたねを買ったらいい。」

と聞くと、

「自分がかんさつするんだから、自分のすきなのを買いなさい。」

と言った。でも、まだ分からなかったので、花屋さんに、

「かんさつするのですが、どんなたねがいいのですか。」

と聞くと、ダイコンと、マメるいのを出して、

「こんをのを、よく学校の先生はお買いになりますよ。横にならべて、どれが早く発芽するか、かんさつしたらよろしいよ。」

と言ったので、たねを見るとダイコンの方はすなつぶのようを大きさで、色はラクダ色でした。マメるいの方は、長細くて、バナナのような形をしていて、長さは一センチぐらいでした。そして、その二つを買うことになりました。ダイコンの方は赤丸廿日大根で、もう一つの方は、マスターピースという名でした。

作者は、種子の観察と発芽の学習を通じて自分でも種子を発芽させてみようという思いを強めたのでしょう。子どもたちがこのように何かに目を向け、興味をわかせるのは学習を通じてだけではありません。子ども同士のかかわりの中から強い刺激を受けることもあります。また、大都会に住んでいる子どもは農村の風景を目にして心に安らぎを感じ取っています。

みどりのじゅうたん

四年　女

みどりのじゅうたんというのは田んぼのことです。夏休みにいなかに遊びに行ったとき、こう思いました。

自転車で山の方に行くと一面じゅう田んぼでした。わたしは、

「わあ、きれい。」

といってしまいました。わたしは一度でいいから、みどりのじゅうたんにねてみたいなと思いました。町にくらべてとても静かで、自然がいっぱいあっていなかはとてもすてきだなあと思いました。

じゅうたんの上にはトンボがたくさん飛んでいました。

でも、秋になるとみどりのじゅうたんでなく、茶色のじゅうたんになってしまうのがちょっとさびしいと思いました。


ごくありふれた内容で特に取り上げる必要のない作文ですが、私はこのような作品も軽く扱いたくはありません。

◦子どもの心は互いに響き合っている

朝になるところを見た　　二年　男

さいしょ　くらかったけど
南のほうから
あかるくなってきた

北と西が
まだ　くらくなっている
あかるいそらが　きて
けんかになった
それで　みんなあかるくなった

作者の家は職住混在の街のアパートで、家の窓から朝日が望めるような恵まれた状態ではありませんでした。しかし、冬のある日、何かの機会に朝日が昇るのを見て心がときめき、この詩を書いたのでしょう。この詩を学級の一枚文集に載せたところ、次々と次のような詩や作文が生まれてきました。

風　　　　　　　　　　　　　　　二年　女

朝、学校に行くと
「おはよう」
と、風がとおりすぎていった
やっぱり
冬の風はつめたい

むらさき色の花　　二年　女

わらいがおで私を見た
においをかぐと
あまずっぱいにおい
さわるとつるつるすべすべして
きもちよかった

たんぽぽ　　二年　女

たんぽぽが
ながいうえきばちにさいていた
くきをみじかくしている
一人ぼっちでさいている
さびしそうに
くびをちぢめて
はを土につけるよう
とてもさむいかたおれてるみたい
早くはるがきてほしいのかな

空の色

二年　男

天気の日、空の色はこいい青だった。青い空にまっ白な白いふわふわな雲が南や東に上がっていた。太ようがピカピカに光っていてきれいだった。

空の色はぜんぜんかわらない。どうしてかわらないのだろう。ふしぎと思う。ぼくが走っても走ってもついてくる。空もついてきた。どうしてかな。

空の雲はアメリカやオーストラリアも雲や青空が見える。オーストラリアも雲や天気もはれ。空の色も明るい。雲や空の色もつづいている。ふしぎだなあ。

青空のなかまたち

二年　女

「うさぎさん。」

青空にむかっていった。

「はあい。」

空からへんじがおちてきそう。

「わっ　わにだ。」

口が大きくあいているわにが
「そんなにこわがらないでよ。ぼく、そんなにこわいかな。」

ふしぎそうにこたえるわにさん。
本とうにしゃべってないよ。
自分がそうぞうしてるだけ。
「あっ、鳥さん。こ、ん、に、ち、は。」
「はあい。こんにちは。」
元気なこえでこたえる。
ピカッ。とひかる。
ひまわりのような太陽。
わたしたちをおいかける太陽。
雨がふる前、
もくもく入どうぐも。
ふとい人みたいだ。
ぐねぐねの体。
大男が手を上下にうごかしおどっているみたい。
それはくもさんたち。
わたしたちをいつまでもみまもってくれてる。
とってもいいきもち。

いつまでも　みまもってくれますように　よいてんきで。
いや　入どうぐもさん雨もふらせてね。

一番星　　　　　　　　　　　　二年　女

きれいにきらきら光る一番星
一番星のかたちは
まるがたに見える
なぜかな
ぼうえんきょうで見ると
星がたに見えるのかな
一番星ってよくめだつ星だな

よく似た作品をたくさん紹介しましたが、一人の子どもが自然の姿に心を動かせて詩や作文を書くと、次々とぼくも私もと、自分が見たり感じたりしたことを書き始めました。子どもは友達の作品にふれると心を響かせるのです。

◦子どもは夢をはばたかせ冒険や探検を好む

大追せき　四年　男

御崎公園のちゅう車場で飛行機飛ばしをしていると、自転車に乗った中村君たちがしんけんな顔をして、

「おまえ知っとうか。あんな、この辺でだれかゆうかいされてんぞ。」

と、言いました。

「ほんなら、ここにようけ　けいさつが来とんそのせいか。」

ぼくは、ものすごくおどろきました。さっきからけい官がいましたが、だれかがゆうかいされたとは、ゆめにも思いませんでした。

「それで、ゆうかいされたんだれや。男か女か。どっちや。」

今度は、大山君に聞きました。大山君は、身をのり出して、

「さあ、女とちゃうか。でもなんせい、わだみや。」

※わだみや＝和田岬小学校の子ども

と、言いました。

「ふうん。そんならはん人、まだつかまってへんのか。」

ぼくは、また聞きました。大山君は、

「あたりまえじゃ。だからおれらがＳＢＳの特別隊員を作ってはん人さがしようねんぞ。」

と、とくいそうに答えました。

「なにが特別隊員や。勝手に決めんなや。」

倉元君がどなりました。

そういうふうに、みんなと話をしているうちに、ものすごくなかまに入れてもらいたくなってきました。

「おれかって、なかまに入れてくれや。」

ぼくは、たまらなくなって言いました。中村君たちは、なにやらごちゃごちゃごちゃと相談していましたが、

「まあ、ええわ。」

と言って、入れてくれました。

「あもけん、こいや。」

ぼくは、大声で天羽君をよびました。
※あもけん＝天羽君の愛称
「さあ、行こか。」

と言って、自転車にまたがりました。

ぐるうっと公園を一回りして、児童館の方へ行きました。その間に、もしかしたらあやしい男が車でにげているかもしれないので、「きょろきょろ、きょろきょろ」と、あっちを向いたり、こっちを

向いたりして行きました。児童館に着く前になって、ぼくは大山君に念を入れて、

「ゆうかいされたって本当か。」

と、聞きました。大山君は、

「なんぼ言うたら分かるんや。まともに見たやつもおんねんぞ。」

と、言いました。

児童館の前に行くと、

「ほら、あいつや。ほんまかどうか聞いたろか。」

大山君は、五年の女の子を指さして言いました。

「あんな、あんたらな、もうさがすんやめたん。」

と、女の子に聞きました。

「今、休けいや。」

と、答えました。

「それからな、ゆうかいされたとこまともに見たんやな、な、な、……。」

と、大山君はまた聞きました。女の子は、

「う、うん。」

と、答えました。

「みてみいや。」

と、大山君は大きな声で言いました。

それから児童館の前を出発しました。児童館に行った時と同じように「きょろ、きょろ」しながら自転車で走り続けました。

それから少したって、

「もしかしたら運河の方にはん人がおるんとちゃうか。」

と、ぼくはみんなに言いました。そして、運河の方に行きかけましたが、

「運河の辺は、もう行ったぞ。」

と、大声でだれかが言いました。仕方がないのでUターンしました。

今度は、学校のうらの方を通って、運河にかかっている橋をわたりました。すると、向こうの方までまっすぐな道路がありました。その両側には、なにかの大きな工場があります。その道路をまっすぐ行くと、ふじ通の会社がありました。この辺に来ると、会社から帰る人でいっぱいでした。ここに来たのはもしかすると、人ごみの中にかくれてはん人が女の子を連れて歩いているかもしれないと思ったからでした。

ふじ通の会社をすぎて少し行くと、川崎重工の電車の工場のための引きこみ線がありました。その線路の上の方を見ると、「安全第一」と、大きく書いたかんばんのようなものがありました。

そこを通りすぎて、また少し行くと、横に曲がりました。その時、はるか後ろから倉元君と宗和君が、

「待ってくれや。」

とよんだので、仕方なく宗和君たちが来るのを待ちました。そこは、もう和田岬線と国道二号線とが立体交差している所でした。国道二号線は、ほかの所とちがい自動車がしきりにうるさいほどの音を立てて走っています。五分ほど待ち、ようやく宗和君たちが追いつきました。

「だれか、乗せてくれや。」

倉元君は、自転車に乗ってこなかったのです。すると、天羽君が、

「しゃあない。おれが乗したらぁ。」

と、不気げんな顔をして言いました。

倉元君が自転車に乗ろうとした時パトカーが来たので、あわてて飛びおりました。けいさつの人におこられるのは、いやだからです。

「もう、たいきゃくしよか。」

と、みんなは言いました。ぼくはもう少し行ってみたかったけれど、みんなが帰るのを見て仕方がなく帰りました。

帰りしなに、自転車で競走をしました。その競走は初めぼくが一番だったけど、中村君のサイクリング車にはかないませんでした。いくらいっしょうけんめいにこいでも　こいでも　こいでも、どんどんぬかされてしまいます。もと来た運河の橋の所で、

「おまえのんは、変段やからええわ。」

と、大声でどなりました。

「そんなもん知るかえ。」

と、中村君は言いました。そして、児童館の所で別かれました。

子どもたちも四・五年生になると思わぬ遠くまで遊びに出かけていることが少なくありません。神戸市内の学校では、校区外で遊ぶことが禁じられている学校が多いと思いますが、なかなか守られていないのが実情ではないでしょうか。しかし、こうした事実は子どもが話してくれたり、作文に書いてくれたりしなければなかなかその実態をとらえることができません。こうした意味からも、子どもがありのままの暮らしの姿を書いてくれることは嬉しいことです。

須磨寺　　　　五年　男

ガチャン、ガチャン、ジャー。自転車をこぐ音がすごい。急な坂を登るのですごい音がする。ぐっと足に力をこめてペダルを踏む。だんだん道が悪くなってきた。だんだん体が温かくなってきた。藤沢君が、

「もう、大池やぞー。」

と、どなった。

「大池の周りの道を回ろう。」

「よっしゃ、行こう。」

と、みんなが言った。

急に平らな道に入った。

「おい、須磨寺のけい内に入ろか。」

「よっしゃ、入ろう。」

池の周りを回り、公園に自転車をおいて須磨寺に入った。けい内には人かげは少ない。すごく静かだ。静かすぎて気味が悪いぐらいだった。それにおはかとお堂があるので、よけいに気味が悪い。みんながおがみに来る季節には人がいっぱいいるのに今はだれもいない。いるのはおぼうさんか、この近くに住んでいる人ぐらいだ。


――中略――


下を見ると、「げんぺいの庭」という所があった。

「これ、げん氏とへい氏がこのへんで戦ったとこちがうか。」

「ほんまや。それに、あの馬の上に乗っとう人なんか、やり持っとうやんけ。」

「こっちの人は刀を持っとうぞ。なんか戦国時代になったみたいやなあ。」

さすがに勇ましいかっこうをしている。なんだかどなっているみたいだ。みんなが口をそろえて、

「かっこええなあ。」

と言った。竹田君が、

「今、何時やろ。」

と言ったので、通りがかりのおじさんに時間を聞いた。四時三十分だったので一つお堂によっておがみ、あわてて自転車で帰った。

この他、学校から七・八キロは離れている須磨区の西端にある須磨浦公園まで自転車で出かけ、山へ登って山上の公園にあるリフトに、おじさんに頼みこんでただで乗せてもらったという作文が出てきて驚かされました。

次はこのように遠方ではありませんが、小さな造船所が集まっている工場地帯の海岸へ冒険に出かけている作文です。とても長い作文でやや不適切ですが子どもの遊び心が読み取れますので引用しておきます。

三人のたんけん家

四年　男

この前の日曜日に、吉田の浜にたんけんに行きました。行ったのは、宗和君、小林君、ぼくの三人でした。

※　吉田の浜＝小さな造船所がたくさんある工場地帯

最初に、船を造るための鉄のおいてある所でした。なん重にも上につみ重ねている所に少し間のあいている所を通って行きました。ぼくは、体を細くして通りました。

ずっとそんな道を通っていると、ぼくがあながあいている所に足をはまらして、水につかってしまいました。ぼくは、

「水につかってもた。」

と、言いました。

「ほんまか。天羽あほか。」

と、宗和君が言いました。

そして、少し行ったらそこだけ鉄のない所がありました。そこでぼくのズボンを見ると片方は水でびちょびちょで、もう片方はオイルみたいのがついていたので、手を見たらまっ黒けだ。てのひらが見えないで、オイルだけしか見えない。宗和君の手も小林君のてのひらもまっ黒だ。

「海の水であらおか。」

「そうしよ。」

と言って、あらいました。でも、いくらやっても落ちません。ぼくはやけくそになって、砂であらった。そしたら、落ちだした。

「みんな、砂であらったら落ちるど。」

と、言ってやった。そしたら、やり始めました。

「ほんまや。よう落ちる。」

と、小林君が言いました。

「おれも落ちるぞ。」

全部落ちたので次へ行きました。少し鉄の上を歩いて行ったら砂浜に出ました。そこの近くには工場があったので、かいだんがついてあった。そこを上がって向こうに行ってみると、橋のない一本の鉄のぼうだけがかかってある海に出ました。

「はまったらいっかんの終わりやぞ。」

と、ぼくはみんなに言ってやりました。

「わかっとるわい。」

と、みんな言いました。

わたり始めました。ぼくの足はこわくてなかなか進みません。初めの方は鉄のぼうが太く、まん中へんでと中下車する所がありました。でも、まん中から後は鉄のぼうも細く、と中にたまたまぼうがそっていて、手でささえられるくらいの所があるだけでした。ゆっくり、ぼくたちは歩き始めました。そんなにこわくなかった。岸にあと二メートルぐらいの時、宗和君も、小林君も、走って行きました。だから、ぼくも走りました。

やっとわたれたので、前へずっと走っていって岩の所に出ました。そこへ上がってみるとコンクリートの広い道に出ました。すると、宗和君が、

「ここ来たことあるぞ。」

と言いました。それで、宗和君に道案内してもらうことにしました。

少しその道を歩いて行くと、工場の便所がありました。その便所は、ぼっとん便所なのでとてもくさかつた。それなので、そこを通る時、はなをつまんで通りました。通りかける時、小林君が便所の中を見てこう言いました。

「天羽、便所の中見てみい、げっちゃきたないぞ。」

「あほか。そんなもん見たって、きたない。あたりまえやないか。」

と、言ってやりました。

そこを通りすぎて、かいだんのある所でおりました。おりて、また少し行くと、トンネルみたいな所にきました。そこで宗和君が、

「こっからやったら出れるから、出るか。」

と、言いました。でも、ぼくたちは、

「ここまで来たんやから、行こうや。」

と、言いました。

「それやったら行こか。」

と言って、行き始めました。そして、トンネルの中をくぐつて行きました。最後のトンネルはとても低いので、体を低くして通りました。

トンネルを通ってから走って行くと、と中で石に足をとられて小林君がはまりそうになった。でも、はまらずに助かりました。

「小ばん、あほやな。そこで　おやっこ、はまったことあんねんど。」

「ほんまか。」

「ほんとやとも。うそと思うんやったら、おやっこに開けや。」

※　小ばん＝小林君、おやっこ＝大山君

と、宗和君が言いました。

そして、海の水が少しある所を歩いて行きました。そして、工場が中にある金あみを登って入りました。そこは、なにがなんだか分かりませんでした。あちらこちらに歩いていると、子どもが遊んでいました。その近くに家があったので、外へ出られるんかなと思って行ってみると、道はそこで行きどまりでした。それなので、またほかの道へ行きました。そしたら、やっと工場に入る所に来ました。ぼくたちはそこから出て、外にやっと出られました。

「やっと出れた。」

と、ぼくは言いました。

「ほんまに、よう出れたわ。」

と、みんなも言いました。でも、出た所はおはかのあるあんまり見たことのない道でした。

「ひょっとしたりして、おれらのこと映画に出るんちゃうか。」

「なんか、そんな感じやな。」

「ほんまやったらどないする。もしかして、今から殺人はんが来て、小ばんと宗和がうたれて、おれだけが生き残って、殺人はんをやっつけて、有名人になる映画ちゃうか。」

「あほか。おまえが有名人になるくらいやったら、おれなんか、もうずっと前に有名人になっとるわい。」

「まあ、映画なんか、ええやん。」

などと言いながら、帰っていきました。

そして、宗和君の家へ行くと中、金平公園の前に犬がいました。その近くには、六年生の子たちがいました。そしたら、宗和君と小林君が、

「天羽、あの犬に石投げてみい。そしたら、犬おいかけてくるぞ。おれたちずっと前、あの犬に石投げたんや。そしたら犬がおいかけてきたからにげたんや。でも、どこまでたってもおいかけてくるから、おかし屋ににげてん。おかげで、おかし買わされてそんしたで。」

と、言いました。ぼくは、そのことがほんとかどうか確かめるために金平公園の中に入って、向こうの道に行ってにげれるたいせいをとってから、犬に思いきそ石を投げました。石はころがっていって、犬の足に当たりました。

※思いきそ＝思う存分

「めいちゅうした。」

と、ぼくは言いました。そしたら、犬がこっちを向いた。ぼくはびびったので走ってにげました。そしたら、犬もおいかけてきました。ぼくは、全力しっそうでにげました。それでもおっかけてくるので、宗和君と同じ手を使ってみようと思って、おかし屋ににげようとしたら、おかし屋の前でドスンとこけてしまいました。

「死んでしまう。」

と、ぼくは言いました。そしたら、六年生の子が、おかし屋から出てきてジュースを犬にかけてくれました。おかげで、犬にかまれずにすみました。でも、その六年生の子が、またジュースを犬にか

けようとしました。でも、ほかの方にジュースが飛んで、ぼくの顔にかかりました。ぼくは、

「おお冷た。」

と、言いました。

「宗和、助けてくれや。」

と言うと、宗和君と小林君がゲラゲラわらいながら来ました。そして、おこしてもらって足を見てみたら、ズボンがやぶけて血が出ていました。ぼくは、井上君の家でバンドエイドはってもらおうと思って行きかけました。

井上君の家に行きながら、小林君が、

「おまえがこけた時、はらがわれそうほどけっさくやったぞ。声も出えへんかった。」

と、言いました。

「おれもひっしでにげてんぞ。そう言うなや。」

と、ぼくは言いました。

——以下略

作者は、造船所の資材置き場を探検した後、犬の相手になっています。このような遊びをしている子どもは思いのほか多く、この街には兵庫運河があり運河沿いの製材所や、運河に架かっている橋の下などで遊んでいます。

それぞれの街によって街の様子も、危険な場所や状況も違っています。そのため一概に言えませんが、

子どもたちは街の思わぬところで冒険や探検を試みており、それらの遊びを禁止したり、注意するだけではなかなか指導効果が上がらないのが実情ではないでしょうか。書くことを通じて子どもの判断力を培っていく以外に効果的な指導法はありません。

§　子どもの心の動きに寄り添うことの大切さ

◦子どもの心の動きは細やかで心優しい

ね正月　　　　　　　　　　　　　　　　　　　　　　　　四年　男

一月一日、おとうさんが仕事に出て、ぼくと、おかあさんと、お兄さんの三人になってしまった。おとうさんは、行く前にげたばこの前で立ち止まって、

「きょう、どこのお宮でもええから行っときな。」

と、言った。ぼくは、あまり気もちよくなかった。なぜかと言うと、おかあさんがみかんを食べる時のように口をとんがらせて、首をたてにふったからだ。ぼくは、心の中で、「これやったら行かへんやろな」と思っていた。

おかあさんは、おとうさんが出かけてから、はらをたてたみたいに気げんを悪くして、こしまでこたつに入れ、体ぜん体を幼虫みたいにまるくして、目をつぶったまま、ねているのか、たぬきねいりなのか分からなくなった。

それから、部屋の中は静まりかえって、テレビだけの音が聞こえてくる。テレビの音が耳の中を

ジィーンとつきぬけていくようだった。

少したつと、おかあさんが起きてきて、両方の手のひじをつき、ほっぺたにてのひらをあてて、ため息をついた。そのため息の声を聞いていると、ますますお宮へ行かないというぼくの思ったことがほんとうになりそうになってきた。そう思っているとお兄さんが、

「おかあさん、お正月一人ですごしたことある。」

と聞いた。おかあさんは、はじめ、

「あるやろねえ。」

と言って、

「いやないわ。お正月おとうさんのおれへん時は、いなかへ行っとったし。うん、やっぱりないわ。」

と、あわててるような大きな声で、おどかすように言った。

お兄さんとおかあさんがしゃべり出したので、いつもの通りの部屋になった。つぎは、ぼくが話しかけた。

「きょうどっか行かへんの。」

と、聞いた。おかあさんは、

「そうやなあ、どうしよう。」

と、考えこんだ。ぼくはまた、

「どっこも行かんとね正月やったら、かっこわるいで。どっか行こうな。」

と、おかあさんをせかした。また、それで静かになってしまった。ぼくは、やっぱり言わんかったらよかったなあと、心の中でこうかいした。

作者のお父さんは警察官で元日に勤務が入ってしまったのでしょう。お父さんの勤務が決まるまでは、家族で楽しくお正月を過ごすはずだったに違いありません。しかし、どうすることもできない状況になってしまったのです。

こうした状況の中で作者は、「どこかへ行きたい。連れて行ってほしい」という強い願いをもっていましたが、お母さんの沈んだ様子を見て「やっぱり言わんかったらよかったなあと、心の中でこうかい」しています。子どもの心の動きは実に細やかです。

日記（七月二十一日）　　　　　六年　女

今日、私は、

「おみそしるを作る。」

と、お母さんに言った。お母さんは、私に、

「そしたら、夜、作って。」

と言った。私は、はりきっておとうふと、うすあげと、こんにゃくを買ってきた。こんにゃくは、おすしに入れる。

私が、おみそしるを作ろうとすると、お母さんは、

「まって、おみそしる先にすると、おすし作る時間がかかるから、おみそしるがさめる。」

と言った。私は「はりきって作ろうと思っていたのに」と思って、ふくれてしまった。私は、お母さんの前を通るときだけ、顔をぷくっとふくらませて通った。

そして、一時間ぐらいたって、お母さんが、

「晶絵の番やで。」

と言って、私の気げんをとり直そうとして、そんなことを言った。私は、

「晶絵、作らへんわー。」

と言って、ざぶとんで顔をかくした。本当は作りたかったんだけど、ふくれて、「晶絵、作らへんわー。」

と言ってしまったので、おみそしるを作るのを今度にした。


夏休みの初日のことです。作者自身、お味噌汁を先に作ってしまうと冷めてしまうことは百も承知しています。しかし、お味噌汁を作りたいというはやる思いが抑えきれず、ふくれてしまいます。子どもの思いは一途なものです。

和田くんは　けいさんが早い　　二年　男

和田くんはなぜけいさんが早い

ぼくは五ばんか四ばんのおそさ
和田くんはきょうしたけいさん
四ぷんでぜんぶできた
もんだいがあたまにうかんで
手がじどうてきみたいにさっさとできた
六ぷんで　できたのに
二ふんのさ
和田くんはいえで自由べんきょう
してきたので早い
和田くんはれんぞくでみんなまちがわない
二回れんぞくでまるつけがかりになつた

作者は四・五人の班で「五ばんか四ばんのおそさ」ですから班で一番遅いわけです。私の学級では早く問題を解き終えた子どもはできないで困っている子どもに教えたり、丸をつけたりする係をしていました。この作者は、いつものように和田君に計算の仕方を教えてもらっていたのです。この作者がまた別の日、次のような作文を書いています。

和田くんのくつ

二年　男

――前略――


たいいくのはしるとき、和田くんが一人で、

「くつぬげる。」

と、田中先生にいった。先生が、

「和田くんのくつぴったりやったらはしるときかしたって。」

と、いった。だけどなかなかいいのがみつからない。だけど中西くんが、

「くつかしたる。」

と、いった。和田くんはこころでほっとしたみたいで、あんしんしていた。ぼくはよかった。和田くんのくつはたよりないとおもった。


私は、和田君が足に合う靴が借りられた時、作者が「ぼくはよかった」と、自分のことのように安心し、喜んでいることに心が引かれます。作者は毎日のように勉強を教えてもらっている和田君にこのように心を寄せているのです。

作者はいつものように和田君に勉強を教えてもらうことに卑屈になっていません。とても仲の良い友達で、毎日いっしょに登下校しています。

フィンランドの学校では勉強のよくできる子どもが、授業中に勉強の遅れがちになる子どもを教える役

を果たしているそうですが、世界でも学力が高い国だと位置づけられています。学習効果は競争によって高められるのではなく、子どもの「やる気」を引き出してやることが大切であり、子どもたちの人間関係もまた大きな影響を与えています。

◦子どもの論理は大人の論理と違っている

もうすぐクリスマス　　一年　女

クリスマスってなんの日かしってますか。キリストが生まれた日なんですよ。

キリストとサンタさんはなんのかんけいがあるのか。十一月から考えていたのに　まだわかりません。いつも、「クリスマスおもちゃくれるかなあ」と思っているのに、

「サンタさんこ年はこないっていっているよ。」

母はそういうんです。本とういえばぬいぐるみがほしいんです。本とうにくるかなあ。まい年、まい年、くるのに。でも、こ年はこないかなあ。

父は、クリスマスの日に、

「お父さん、オセロがほしいねん。」

ねるときには、まくらもとにくつしたをおいてねています。おもしろい父。

いつもクリスマスの日には、「はやくこないかなあ」と、十時ごろまで目をあけてまっているのに。

ねむけがしてねむってしまうんです。サンタさんのすがたが見たいです。みなさんサンタさんがプレゼントをおろしているとき見たことがありますか。そりゃあ見たことがないにきまっていますよね。わたしがそうぞうするサンタさんは、ぼうしがしゅ色。上にぼんぼんがついていて、ふくも、ズボンも、しゅ色。そでとすそがわたのように白くふわふわ。おでこにしわがあって、目がほそめ。はながたかくて、あごに白いひげがむねくらいまである。

そうそう、妹のほしいものは、なんだろうと思っています。だって、ぬいぐるみや　ちょ金ばこ。まだまだある。なにがなにやらわからなくなってしまいそう。

クリスマスのときのメニューは、きっとケーキ、ジュース、とりのからあげ、サラダ。でも、サラダはサラダでも、中にスパゲティが入ったサラダと思うよ。

「キリストとサンタさんは、なんのかんけい」と、いうところなんだけれど、そこにクリスマスも入ったら、またまたごちゃごちゃになってしまうんだ。先生もしらないと思うんだけど、しっていたらおしえてほしいな。

もうすぐクリスマス。早くきてほしいなクリスマス。

子どもは、子どもだからこそ描ける夢を持っています。この子どもが心に描いている夢を壊すことなく、大切にしてやりたいものです。子どもは心に夢を描くことによって心の安定を得ているとともに、物事に立ち向かっていく力も得ています。

おじいちゃんの手はなぜうごかない

二年　女

「おじいちゃんの手はなぜうごかないのだろう」

「なぜだろう」

と、わたしは思ったので、おじいちゃんに聞いてみた。おじいちゃんはいっていた。

「バーン。バーン」

「キャー」

たいほうの音。ひめい。せんそうだ。その時、おじいちゃんは二十だいだった。せんそうに出たのだ。

「バン。バーン」

「バン。バーン」

「キャー。ワー」

すごい音。すごいひめい。

その時、おじいちゃんは……

「バーン」

てっぽうで、親ゆびをうたれた。

かなしいお話をしているのに、なぜか目をほそめて、口をあけてわらっていた。ほんとうはかなしいだろうな。かなしい顔してるだろうな。そんなにいい顔していないだろうな。さっとよけたらこんなことにならなかったのに。かわいそうなおじいちゃん。

お話がすんだ。おじいちゃんはほっとしたように、ニコッとわらった。

おじいちゃんは、手ぶくろを夏にもはめていないとだめなのだ。冬には、手ぶくろ二まい。おじいちゃんの手は、親ゆびい外少しうごくので、手ぶくろをとるとそのゆびもうごかなくなってしまうのだ。

おじいちゃん。かわいそう。でも、手が見たいな。でも、手ぶくろをはずして見ると、手がどうなるかわからない。でも見たい。かわいそうなおじいちゃん。でも、しかたがない。なおるわけがないし、ほんとうにかわいそうなおじいちゃん。


作者はまだ時として両親や、祖父母の膝に乗ってくる幼さを残している二年生ですが、お爺さんの手が動かないことに心を寄せています。「子どもの心の動きは細やかだ」と、先に書きましたが、同時に、家族や身の周りの人たちにとても優しい心配りをしています。

前記の「もうすぐクリスマス」では、今年もサンタさんが来るかどうかを心配しており、この作文では鉄砲の弾を「さっとよけたらこんなことにならなかった」と思ったりして、子どもは現実とは違った受け止め方をしている事柄がたくさんあります。しかしこのような時、子どもが心に描いている事柄が事実と離れていても、「ほんとだね」と、肯定的に受け止めてやりたいと思います。このような事柄は、子どもが成長すると自然に気付く事柄です。「それはねえ」などと、事実を教えるまでもないことです。

子どもはその発達段階に応じて事実を認識する仕方に違いがあります。つまり、子どもの目を通したりアリズムと、大人の目を通したリアリズムとは違っており、子どもの目で綴られた作文や詩を大切にするのが生活綴方だと私は考えています。

◦子どもは家族の触れ合いを求めている

おとうさんとしたうけあい　二年　女

おとうさんが、

「ボールであそぼか。」

といったから、つくえの上のボールをとってそとにでた。

おとうさんにボールをわたして、おとうさんがゆるくなげたからすぐとれた。こんどはわたしが下にころがした。おとうさんがよこむいとったからボールがころがっていった。おとうさんが、

「しんどいからやめよ。」

といった。

おとうさんとうけあいをしてたのしかった。


両親の勤務状態の厳しさによるものか昔と比べ街中の小公園や団地の空き地、路地裏などでお父さんが子どもとボール投げをしておられる姿を目にすることがずいぶん少なくなっています。この作文を読む限

り作者はそんなに長い時間お父さんと「受け合い」をしたようには読み取れませんが、作者は満足しています。年齢の幼い子どもほどお父さんやお母さんといっしょに遊べる機会を求めています。このいっしょに遊べた満足感が、子どもの心を安定化させるだけでなく、物事に立ち向かっていくエネルギー源にもなっています。

おとうさんのおなか　　二年　女

おとうさんのおなかはおもしろい。

おもしろいところは、「うしとかえる」のかえるみたいに、いっぱい　いきをすいこんでふくらませます。さわってみたら、やわらかくてぶよぶよでした。

「もういっかいやって。」

「いいで。」

おとうさんのおなかは、さっきよりもおおきくふくらんだ。さわったらさっきより　ぶよん　ぶよん。わたしと弟がわらった。

「ワハハハ　アッハハハハ。」

おもしろいなあ。わたしは、

「わたしもやってみよっと。」

と、いってやってみたけどふくらみません。

「エへへへへ　クックククク。」

と、弟がわらった。わたしは心の中でこういった。「わるいか。そしたら自分もやってみ」といった。くやしかったけど口にはださなかった。けんかになると思ったからです。すると、おとうさんがこういった。

「こんどはかたくしたろ。」

そういうと、おなかにおもいくそいきをすって、いきをとめた。そうしたら、おなかがかたくなった。手でさわったら、ほんとにかたくなっていた。

おとうさんのおなかは、ふしぎに思うけどおもしろい。おまけにおかしい。おとうさんがおなかをふくらませるとき、かおのかたちがかわってほっぺたがふくらんでる。おこってふくれているみたい。

愉快なお父さんです。子どもはこうした親子の触れ合いを通して心豊かに育っていきます。学級でこのような作文が生まれてくると、一枚文集を通じて多くの親に伝わるだけでなく、子どもが書いてくれる作文にも親子や家族の触れ合っている楽しい作文が多く生まれてきます。

五月五日　　二年　女

きょう、おふろにはいるとき、しょうぶをいれてはいりました。

しょうぶをからだにぬりました。おばあちゃんが、

「一年じゅうかぜひかへん。」

といったから、しょうぶをからだにぬりました。しょうぶのにおいは、あまいみたいなにおいがしました。

からだをあらうとき、おばあちゃんが、

「しょうぶのしるをたおるにつけるか。」

と、いいました。わたしは、

「する、する。」

といって、しょうぶのしるでからだをあらいました。いいきもちでした。

おとうさんがはいるとき、こいのぼりのうたをうたっていました。


子どもの日、お父さんがお風呂で「こいのぼりのうたをうたって」おられるのも、何とも言えぬほほえましさを感じますが、このような作文が生まれてくるのは、家族の触れ合いの楽しさを書いてくれる子どもがたくさんいるからであり、このような作文がたくさん生まれてくることによって、お母さんやお父さんたちの家庭での話題を豊かにしていきます。子どもたちが書いてくれる作文は、思わぬところに波及効果が出てきます。お風呂の作文が続きますがあと二つ紹介します。

おふろ

二年　女

「よっちゃん、おふろ入ろう。」

「入ろかな。」

と、わたしがいった。

「よっちゃん、直子ねえちゃんと入ったら、からだあらえへんからあかんよ。」

「あらうよ。心ぱいせんでもいいよ。」　※　あらえへん＝洗わない
ママと二人でいった。

「よっちゃんからだあらわなばいきんがついてきちゃなくなって、ばいきんだらけになって、からだがほこりと、あせと、ばいきんのからだになっちゃうよ。」

と、いったので、「シュー」と、すばやくふくをぬぎすてておふろへ入った。直子ねえちゃんが、

「ちょっとまってよね。」

と、ふくをぬぎすてた。ママは、ちゅぐぐ　ちゅらら　じゅじゅと　一人ごとをいっている。ママもまけずにそろそろふくをぬいだ。そして、そろそろおふろへ入ってきた。

「直子ねえちゃんあらったり。」

と、いって、ママはばけつにおゆを入れてチンチンをあらっておふろに入った。そしてあらいよんのを見ようとした。直子ねえちゃんは戸をあけながら、

「タオルとってくる。」

と、いって、タオルがあるところへ行ったので、ママが、

「戸をしめて。」

「いいよ。」

と、いって戸をガチャンとしめた。

直子ねえちゃんがとってくるまでおしゃべりをした。

「ごじょ　ごじょ　じょご。」

と、お話をした。直子ねえちゃんは早く来たのでお話はすぐおわった。直子ねえちゃんが、

「せっけんは。」

と、わたしに聞いた。

「しらんよ。」

「ママしっとうよ。」

と、いった。直子ねえちゃんが、

「どこ　どこ　どこ　どこ。」

と、五回も聞いた。

「ちょっとまって。」

「うん。」

わたしはひまだった。からだはまだあらえない。せっけんはいたみたいな下にあった。また、ママ

がおふろへ入りだした。直子ねえちゃんがタオルにせっけんを「ゴシゴシゴシ」と力よくつけた。せっけんはタオルに白いこなをつけた。あわも出てきた。直子ねえちゃんが、

「あらうよ。」

と、わたしにいって、せなかをあらってくれた。「ゴシゴシ、シュシュ、トトン、ゴシゴシ、トシュシュ」と、歌みたいに音がくが聞こえてきた。さっきかいかったのが　だんだんこそばくなってきた。わたしは、

「ふふ。」

と、思わずわらいだした。

――中略――

からだをあらうのがおわった。やっぱりスースースーと、からだがすっきりした。だから、かおもスッキリとしたのがいいからしっかり手にせっけんをこすってかおにつけた。わたしはのっぺらぼうのかおになった。直子ねえちゃんとママはかえるみたいに、「ゲラ　ゲラ　ゲラ　ゲラ」と、わらった。わたしは目をあけてみた。目がいたくなって、

「水ちょうだい。」

と、なきそうでいったので、「ジャー　ジャー　ジャー」と、水どうから水を入れて、ばけつにかおを入れてきれくした。わたしのかおはすっきりした。　※　きれくした＝きれいにした

やっぱりおふろに入ってあらったらいい。

子どもにとって親子でいっしょにお風呂に入る時は楽しいひと時でしょう。妹の作者は、姉ちゃんに背中を洗ってもらうのも喜びの一つかもしれません。

今、毎日のように報道される虐待事件に心が痛み、社会の歪がここまで来たのかと悲しくなりますが、このような作文を読むとほっとした暖かさを感じ心が休まります。

おふろ

五年　女

「あつ。」

私は、ひざまでつけておふろからあわてて出た。

「お父さん、もうちょっとうめて。」

私は、まっ赤な顔で言った。

「そんなに熱ない。入ったらそんなに熱ないで。」

おふろの中でお父さんは、気持ちよさそうに言った。私は、ぬるいほうが好き。お父さんは熱いほうが好き。

「もうちょっとだけうめて。」

「もうちょっとだけやで。」

お父さんは肩のへんまでつかって、お酒を飲んだようなまっ赤な顔で言った。そして、お父さんは、おふろの中から手をぬっと出して、水をチョロチョロと、ちょっとだけ入れてくれた。私は、お湯の底のほうまで手をつっこんでかきまわしてみた。ちょっと熱かったけれど、入ってみたらちょうどよかった。

「お父さん、背中こすってやろうか。」

「ああここすってくれ。」

私は、お父さんの背中をこすってやった。骨がごつごつ見えている。

「お父さん、ちょっとやせたんとちがう。骨がごつごつ出てるでえ。」

「ああ、そうか。」

お父さんは、おふろの中で大きな口を開け、大きな声で私が教えてあげた「子どもの国」という歌をうたっている。

「子どもの国だ、はっぱがゆれる……。」

と、お父さんは、たれ目でうなり声を上げた。

「お父さん、ちょっと音ちだなあ。」

「アッハハハハ。これでも一生けんめいにうたってるんやで。」

お父さんは、顔に汗を水のようにたらたらと流している。私は、ゲラゲラ笑ってしまった。


五年生の作者は、間もなく父さんといっしょにお風呂に入らなくなることでしょう。親子といえども父親が娘と、母親が息子といっしょにお風呂に入って楽しめるのは、人生という長い年月の中でみればそんなに長い期間ではありません。このような作文が生まれてくると、ほのぼのとした温かさを感じますし、子どもの心の中にはこうした思い出が一生心に残るに違いありません。

耳そうじ

二年　女

「弓子、耳そうじしたろか。」

と、おかあさんがいいました。わたしは、

「やって。」

と、いいました。

おかあさんは、耳たぶの上のところをもった。おかあさんが耳の中をほじくりました。耳そうじをしているとき、かえるがないている音だな。

「きゅきゅ。」

という音がきこえてきました。

こんどは、おにいちゃんです。わたしは、おにいちゃんの音は、どんな音がきこえてくるかききたいからまってました。おにいちゃんの音も、

「きゅきゅ。」

やっぱりおなじ音だった。どうしておなじ音がでるのかな。わたしは、おにいちゃんがやっているとき、いたそうなかんじがした。わたしは、きもちよかったけどおにいちゃんのときはいたそうだった。

子どもはお母さんに耳そうじをしてもらうのも楽しいひと時です。私は耳そうじをしているときに感じる音は何か「ごそごそ」といった感じに聞こえるように思うのですが、「きゅきゅ。」という、カエルの鳴き声のように聞き取っています。しかも、お兄ちゃんがしてもらっている時の音まで聞きつけていますが、はたして本当にお兄ちゃんが耳掃除をしてもらっている音が聞こえるのでしょうか。私には、作者は嬉しい気持ちで、心の声を聞いたのではないかと思えてなりません。いずれにしても、親子が直接肌を触れ合わせて接触するひと時は、子どもにとって心が安らぐ心地よいひと時なのでしょう。

お父さんの腕を鉄棒にして

五年　女

「よう、重なったなあ。」

私が腕に飛び乗ると、お父さんはさも私が重たいように、顔をまっ赤にしていった。

「そんなに重ないやろ。」

私がわらいながらいうと、お父さんは、

「そうか、お父さんが年いったんかな。博のころは、まだまだそんなぐらいでしんどうなかったけどな。」

お父さんはえらそうな顔で、首をかしげていった。

「よし、もっぺん来い。」

「よっしゃ。行くで、ええか。」

私は、太いかんせつのふくらんだ毛の生えているお父さんの腕をつかんで飛び上がった。とたんにお父さんの手がすべって、お父さんの手から私の手がすべり落ちた。ドテ。ドテ。

「痛いなあ。お父さんは。もう、ああ痛。」

「ハハハハ。すまんな。手がすべってな。」

お父さんはわらっている。私は痛いというのに、お父さんはニコニコしている。

「お父さん、もうあかんわ。」

私は、ほんとうにお父さんがあかんような顔で、かたをポンポンとたたきながらいってやった。

「いや、いま手がすべっただけや。もっぺんやったるわ。」

「どうもないか。」

私は、心配そうにいった。

「どうもないわい。さあ来い。」

もう、柱にてのひらを置いていた。

「ほんなら行くで。それ。」

今度はだいじょうぶ。でも、まだ飛び上がっただけで回ってない。お父さんの手は、私が乗っているので、きんにくがふくれていた。回ろうとして、お父さんのてのひらのところを見ると、つるつるすべっている。それを見て、私は飛んで下りた。

「なんで下りるんや。」

お父さんは、ふしぎそうにいった。

「だって、手がすべってるじゃない。」

と、私がいうと、

「そうか。」

お父さんは、なるほどという顔でいった。

「もう、止めた。」

「なんでや。」

「こわいもん。」

「そうか、もうお父さんもあかんわ。」

と、心細そうにいった。


素晴らしいお父さんです。お父さんと将棋をした作文は省略しますが、子どもとキャッチボールをしてくださるお父さんや、相撲をしてくださるお父さん、自転車や一輪車の練習に手を貸してくださるお母さん、お母さんといっしょにすべった滑り台等々、このようなことを題材に子どもたちはたくさん作文を書いていきます。子どもたちが塾や習い事に追われている昨今、このような作文がたくさん生まれてくることは嬉しいことです。

新聞戦争

五年　男

お父さんは、家へ帰ってくるとおふろに入る。おふろから出ると、ビールを飲む。ビールを飲み終わると、今度は新聞を読む。

この日も、

「信男。新聞取ってきてくれ。」

と言った。いつもいつも取りに行かすから、ぼくが、

「お父ちゃんかって、自分のことは自分でやれと言うくせに、お父ちゃんかって、自分のことは自分でしいな。」

と大きな声で言った。すると、お父さんがテレビを見ながら、

「子どもと大人の位がちがうんじゃ。」

と大きな声で言った。ぼくは、心の中で「ちえっ。はらたつやっちゃな」と、しかたなく新聞受けに取りに行った。ぼくは、いやいや、

「はい。」

と、投げるように渡した。お父さんは、

「ありがとう。」

と言って、ニコニコしていた。

ぼくは、それでもはらがたっていたので、お父さんが新聞を読んでいる所にボールを三回ぐらい転

ばして遊んだ。

一回目はきつく転ばしたので、お父さんの目の前を通らないでお父さんの足の方へ転がってしまった。

二回目はゆるく転ばしすぎたので、お父さんのま正面でボールが止まってしまった。すると、お父さんが、

「こら、信男止めんか。」

と、ぼくの方へボールを投げた。

三回目はま正面へ止まらせようとしていたのが失敗して、お父さんに当ってしまった。今度はよっぽどおこったのか、顔をまっ青にしておこった。

「信男、ひつこいぞ。」

それでもおもしろいので、またやった。今度は、積木を二回転ばした。

一回目は大きな積木をお父さんのま正面めがけて転がしたが、失敗してお父さんの足の方へ転がっていった。

二回目はぜったいにお父さんのま正面へ転ばしてやろうと思って転がしたが、左側にそれた。すると、お父さんに、

「止め言うたら、止めんかい。」

と言って、頭を一発たたかれた。

「痛いな。」

と、ぼくは言って、家中を逃げまくった。ぼくが逃げると、

「こら。」

と、追いかけてくる。ぼくは、妹の乗る小さい車を飛び越えて、カーブにかかろうとすると、すべってこけそうになった。そのすきを見てお父さんが思いっきりドドドドと、ぼくを追いかけてきた。お母さんが、

「下にひびく。」

と言っても、家中走りまくった。ぼくが、

「もう追いかけんの止めな。」

と言った。それでも追いかけてくる。

「ゴメン言うまで追いかける。」

「ゴメンなんか言うかい。」

こんなことを言い合いながら走っていたが、だんだんつかれてきた。「ゴメン」と言いたくないが、しかたなく、ぼくは、

「ゴメン。」

と、あやまった。息がはげしくなった。やっと、お父さんは追いかけるのを止めて、許してくれた。つかれたので、ふとんの中へ入ってねた。

作者は腹を立ててお父さんのそばにボールや積み木を転がしたように書いていますが、私はお父さんに相手になってほしくて転ばしたのではないかと思います。追いかけられて逃げ回っていますが、逃げ回りながらけっこう喜んでいたに違いありません。許してもらった後、すぐ寝床に入っています。お父さんに追いかけ回されながら楽しんでいたからこそすぐに眠りにつけたのだと思うのです。

お父さん　　　　五年　女

「千晶、鉛筆かしてくれ。」

「はあい。」

私はテレビを見ていたのであまりいい返事はしなかった。お父さんは会社で仕事をするが時々家で仕事をする。そのため遊んでくれないので、日曜日がだめになってしまうときもある。

お父さんは、一時間ほど仕事をしていると、

「ああつかれた。千晶、かたたたいてくれ。」

と、テレビを見ながら首を振って言った。

「ついでに腰もたたいてくれ。」

顔に手をあてがって、あまりにもつかれた様子でぐったあとし、目をつぶっていた。私は腰の中ほどを軽く指で押さえた。

「ここらへん?」

「そうや、そこや。乗るなよ。」

「分かっとるがな。ここやな。」

乗るなと言われたらよけいに乗りたくなるので、手でたたいているふりをして腰の上に乗った。すると、こつばんに当ってすべるような感じだった。

「痛たたた。もう、えええ、ええわ。」

「ふうん。じや、もう止めたるわ。」

ほんとうに痛そうな顔をしていた。

お父さんの事務所へ行ったことがあるが、会社ではあまり外へ出ないでほとんど座って働いている。家でも座って書き物をする。日曜日でない日は、夜十一時ごろまでも仕事をする。夜仕事をしているときはあまり見たことがない。昼仕事をしているときには、テレビを見て仕事をしている。

「はんを押すときには、押させてな。」

「今日はないわ。」

前はよくはんを押させてくれた。

いつも数字がぎっしりつまったような紙をじっと見ているが、数字が小さいので目がちかちかしているんじゃないかと思う。その数字を足したり、引いたりして、鉛筆をす早く動かして別の紙に写している。そんなときは、いつものお父さんじゃなくて別の人みたいだ。他の人と仕事のことを話しているときも、仕事の分からないことばかり言って別人みたいだ。

時には、お父さんはテレビを見ながらわらって仕事をしている。よく、テレビを見ながらできるなと思う。お父さんが仕事をしているときだけは、私はテレビを回さない。でも、ふつうのときなら、

「ちょっと回すで。」

と、カチャカチャと回してしまう。お父さんが仕事をしているとき回すのは悪いと思うのはなぜだか分からない。きっと、いっしょうけんめい仕事をしているのに、回したらだめだと思うからだろう。

仕事のひまなときには、私と遊んでくれる。こんなときのお父さんは好きだ。

遊ぶときには、ほとんどレスリングで遊ぶ。よくこそばすので、

「こそばすんなしやで。死にそうになるわ。」

お父さんはわらって、

「まあ、いいやろ。」

わきの下をくま手のような手つきでこそばす。お父さんの太くてやわらかい手は、とてもこそばい。

また、足を掛けてひっくり返される。十分ぐらいたつと、お父さんをたおして上に乗り、

「まいったか。ワン、ツー、スリー。私の勝ちや。」

「ああ、まいった。」

もうねころんで遊んでくれない。

「なあ、もっとやろうよ。ねえ。」

「もうあかんわ。」

お父さんはテレビを見ていった。


現在、多くの父母の勤務状態がとても厳しくなっています。この作品は少し古いものですが、お父さんは「日曜日でない日は、夜十一時ごろまでも仕事」をされています。そのうえ、仕事を家に持ち帰ってされている日もあるのです。それでもお父さんは、わずかな時間でも子どもと触れ合う時間をとっておられます。

こうした親子の様子を生の姿で知ることができるのは、生活綴方が持っている大きな力によるものです。

かぞくのトランプ

二年　女

おねえちゃんが、

「トランプしよう。」

と、いいました。そしてトランプしていたら、おねえちゃんが、

「どんべになったらおしりでじぶんのなまえをかく。」

と、いいました。そしてわたしが、

「んん。」

と、いいました。そしてトランプをしていたら、わたしが、

※　どんべ＝いちばん負けた者

「いくとこがない。六だしてよ。」

と、いいました。おかあさんとおねえちゃんが、

「六なんかもってない。」

と、いいました。わたしが、

「ほんならおとうさんや。」

と、いいました。おとうさんがわらいがおで、

「ちがう。」

と、いいました。わたしが、

「わらいがおでわかった。」

と、いいました。おねえちゃんが、

「はよしい。」

と、いいました。

そして、わたしとおねえちゃんばかりおしりでじをかいていた。たのしいかぞくのトランプでよくあそびました。


表現が豊かな作文ではありませんが、負けてばかりいるトランプでも子どもは家族でいっしょに遊ぶ機会があれば満足感を得ている例として引用しました。

親子の触れ合いを題材にした作品ばかり引用しましたので、最後に兄弟で遊んでいる作文を紹介します。

じゃんげりサッカー　　二年　男

夜、お兄ちゃんとじゃんげりでサッカーをした。前半は六時四十分まで。後半は六時五十九分まで

ときめた。お兄ちゃんが、

「どうせまけるやろ。２点ぐらいあげよか。」

「いいわ。かつから。」

と、いった。

じゃんげりをまん中においてぼくが、

「ようい。」

お兄ちゃんが、

「どん。」

と、いった。ぼくがちょびっとうしろにけって、おもいくそけったら入った。ぼくが、

「どうや、まけそうやろ。」

お兄ちゃんが、

「まだしょうぶついてない。」

と、いった。お兄ちゃんもまん中においてドリブルでいって、ぼくがゴールキーパーのほうにいっ

た。お兄ちゃんがけったら入った。だけどぼくが、

「あああ、どうてんや。」

と、もたれたらしょうじがやぶれた。ぼくが、

「お兄ちゃん、しょうじがやぶれてもた。」

と、いった。いいやん、早くしなじかんがなくなるからやった。ぼくがさいしょちょびっとけって、おもいくそけるさくせんをして、それで3点もとって、前半がおわった。

後半は、お兄ちゃんが点をどんどんとった。2点とって1点さになった。ぼくは、

「ねばってかったんねん。」

と、いって、もう六時四十七分になって、ぼくはあとをついてねばった。六時五十八分になった。

ぼくが、

「やった。」

と、いった。心の中で、さいしょ「かつ」といったのだれだろうとおもった。

作者はこの日、「どうせまけるやろ。2点ぐらいあげよか」と言っていた兄に3対2で勝ち、とても嬉しかったに違いありません。兄弟も年齢が離れていなければこのように勝つ時もあるのでしょうが離れているとそうはいきません。

おとうとにドッジボールをおしえた

四年　男

ころころ。

「へたやなあ。」

おとうとはちボールばかりなげる。ちょっといいところにきたって下の方にボールがきてうけられない。ぼくがゆっくりなげても、

※　ちボール＝地面に転がすボール

「あっ。」

といって、にげてしまう。いくらお母さんがゆっくりなげてもにげる。ぼくらが、なんぼいっしょうけんめいなげてもやりがいがない。うけたとおもってもおとしてしまう。お母さんがなげると、首をたおしてうける。ぼくが、

「ボールがこわいのかっ。」

というと、おとうとは、

「こわない。」

という。ばしばしなげてもにげるばっかり。

「としゆき、ちょっとやすんどき。」

といって、お母さんとなげあいをしていたら、なきそうな声をして、

「ぼくもするっ。」

といった。でも、おとしてばっかり。ぼくがおこってきついボールをなげるとめいちゅうした。お

とうとはなきだしそうな声で、

「お兄ちゃんもうよしたれへん。」

といった。

しばらくしてからお母さんがあきらめたのか、

「もうやめよ。」

といった。

おとうとは、あとでいまようけなかったのがはずかしかったのか、かべでれんしゅうしていた。


まだ幼い弟にボールを受けさせるのは大変なことです。弟がうまく受けられないのでイライラしていますが、それでいて弟のことが気になるのでしょう。ボール投げを終えた後も弟がどうしているか見ています。こうした兄弟の様子も年齢が少し高くなるとずいぶん違ってきます。

公園で野球　　　　　　　　　　五年　男

「おーい。センター行ったぞー。」

ぼくは弟にいった。

「オーライ。」

と声をあげて、手をあげている。

「あっ。」

と、さけんだ。弟はボールを受けそこなったのだ。

「なんや。佳ぼん。」

ぼくはなさけなそうにいった。

「ごめん、ごめん。」

と、佳ぼんはぼくの所にボールをなげた。うった平岡君は二るいにいた。つぎのバッターは岩がき君だ。

「行くぞー。」

と、ぼくはさけんだ。内野・外野、りょうほうしている佳ぼんは、

「ええで。」

といった。

第一球をなげた。高い所だったので岩がき君はうたなかった。第二球め。こんどはいいたまだったので岩がき君はうった。ぼくの目の前ではねた。ぼくはボールのある所まではしって行ってボールをつかんだ。

「バックホーム。」

と弟がいった。平岡君が三るいからいっしょうけんめいにはしっている。ぼくは、ボールを平岡君めがけてなげた。平岡君は足がおそいのであたった。

「わーい。ワンダンや。」

と、弟はうれしそうにいった。

――後略

この作文は学習指導要領で求められているような「表現力豊か」に綴られている作品ではありません。しかし、兄弟を含む子どもたちの様子は読み取って頂けると思います。生活綴方では、当然のことながら表現力を高めることに力を入れますが、それ以上に、子どもが内に備えているすばらしさを大切にしたいものです。

ところで、子どもたちが家の近くの児童公園で行っている野球は、その日集まった人数、遊べる時間、公園の広さなどで、その時、その時の条件に合わせて子どもたちがルールを決めてやっており、大人の監督がいる少年野球とは全く趣が違っています。そこに、このような野球のよさがあります。それは、子どもたちが、その場、その場の条件に合わせてルールを決めて遊んでいることと、勝敗にあまりこだわっていないことです。そして何より大切なことは、このような遊びを通じて人間関係を密にしていることです。

ここで少し話題を変えます。作文は省略しますが毎日のように姉弟げんかをしているのですが、一年生に入学してきた弟が給食の時間どうしているかそっと見に行き、家では飲まない牛乳を飲んでいるのを見て喜んでいる四年生の女の子がいます。いずれにせよ、子どもは喧嘩をしたり競い合ったりしながら育っていくのです。

◦子どもの目に映る父母の姿

お父さんのぼうし　　　　　六年　女

夜、お父さんがニコニコしている。お父さんは、ゴルフのぼうしを新しく買ってもらい喜んでいる。鏡の前でかぶったりしている。

「かっこ、ええやろ。」

「お父さんがかぶったらきまれへん。」

と、私は父に言ってやった。それでも父は、ぼうしを深くかぶり、ゴルフの打つまねなどしている。

「お父さん、今度ゴルフ行くとき、それかぶって行くん。」

そして、そのぼうしの横にネームを入れてもらった。お父さんは、ジロジロとネームを見て、

「きれいに書いとんなあ。」

と、言った。

「あたしにも見せてよ。」

「よごしたらあかんで。」

と、父は大事そうにわたしてくれた。

日曜日。朝、午前八時。父は喜んで出ていった。

「お父さん、なんかもらってくるかなあ。」

「あんだけ喜んで行ってんから、なんか一つもうてこな。」

ばん、七時少し前に父が帰ってきた。景品は、ブラウスとかばんで、第五位だった。そして、優勝の小さいカップを持って帰っていた。

お母さんが、

「ぼうし、どこ置いとん。」

「かばんの上にそっと置いとうで。」

と言うのを聞くと、すごい大事そうに言っている。見てみると、行った後も行く前とあまり変わっていない。よごれもついていない。よほど大切にかぶっていたんだと思う。


ごくありふれた家族の日常生活の一こまです。子どもはこのようなごくありふれた日常生活を通していろんなことを学んでいくのであり、こうしたことが作文の題材になっていくのです。後の章でふれますが子どもたちは特別な「題材」指導をしなくても、日常生活の中からいろんな題材で作文を書いてくれます。

おとうさんはやきゅうにむちゅう

二年　女

きのうばんごはんをたべていたら、いつもならおとうさんはしいんとしているけれども、きのうはやきゅうにむちゅうになったのか、

「あっ。」

と、いってしまった。おかあさんとわたしは、

「ワハッハッハッハ。」

「アハッハッハッハ。」

とわらって、おとうさんはにこにこわらってるだけだ。わたしは、心の中で思いました。「おとうさんって、ほんとにやきゅうにむちゅう」と、思いました。

とつぜんおとうさんが、

「そんなにおかしいか。」

と、きいた。わたしは、

「ん。」

と、いった。

おとうさんはごはんのまえに、わたしのラジオつきのカセットで、やきゅうをきくんですもの。

「おねえちゃんカセットかして。」

って、ね。

しんぶんのラジオのところを見て、あったらすぐきくの。おとうさんってほんとのほんとにやきゅうにむちゅう。テレビでやきゅうがあったら、すぐチャンネルをかえるんですもの。

おとうさんって、おすもう、テニス、スケート、プール、ニュースより、もっとも　すきなのは、やきゅ

うと思います。すきじゃなくて、大大大すきではないかと思います。
さいごに、おとうさんやきゅうばっかし見ないで、ちがうばんぐみも見てね。おみせでもやきゅうを見ているんやから。おふろに入るまえにもテレビでやきゅうを見ているんやから。んん、もうほんとにちがうばんぐみも見いや。やくそくやで。ほんまやで。うそついたらバチバチにおこるで。きつくな。

私たち大人の目には、子どもが暮らしを通じて親を見ているようには映りません。しかし、実際には思いの外よく見ており、そのことを通して次第に自分の生き方や考えを培っているのです。

おとうさんのしごとはおこめやさん　　二年　女

わたしのおとうさんは、おこめやさんをしています。
げんまいをきかいに入れて、おこめとぬかができます。ぬかというのは、おつけもののとき、ぬかを入れてします。しおも入れてします。そして、おこめがはかれるものがあります。その中におこめを入れてはかります。そして、あけるとこがあってそこをあけておこめをだしながらふくろに入れます。そして、ふくろに入れるところがあいているので、とめるきかいのところにでんきを入れて、入れるところがあって、そこにおこめが入っているふくろの入れるところを入れ、したのふむところをふんで、きつくふんで、そしてはなしたらちゃんとしまっています。そして、「須波」というシールをはっ

て、おこめをつつみます。ひもでくくるふくろもあります。そして、いえにいるときはいたつのときは、おじいちゃんが、

「マーくん。」

と、大きなこえでいってくれます。そして、おとうさんがはいたつにいってかえってくるとき、

「まいどう。」

と、いってかえってきます。いくとき、じてん車や、たん車にのっていきます。あるいていくときもあります。


家庭でのお父さんの様子を見ている作文が続きましたが、参観日のように、逆に自分が見られる立場になった日、子どもはどのようにしているのでしょうか。

さんかん日

三年　男

ぼくは、はじめにどきどきした。

先生がはじめるとき、おかあさんがいた。ぼくは、国語の時間になって手を上げた。先生が、

「藤本くん。」

といって、

「はい。」

といいました。ぼくは、国語の「はまべのいす」を読んだ。

ぼくは、読んだあとにすわった。先生は、まだあたってない人をあてたら、おかあさんがおれへんかった。多分おにいちゃんの教室にいったとおもった。　※　おれへん＝いなくなる
先生は、ぼくが手を上げても、上げてもあてなかった。

それで、さんかん日がおわった。

それで、家に帰って、おかあさんとさんかん日のことをぜんぶ話した。


学年の違いによって若干違いがありますが、参観日は子どもにとって晴れの舞台です。子どもはお母さんやお父さんが来てくださることを楽しみにしており、本がうまく読めたり、問題が早く解けたりするととても喜びます。そのため、私は参観日には一人ひとりの子どもにどのように出番をつくってやるかを授業の柱にしていました。

話題がそれますが、ある年「なかよし学級」と交流していた子どもを受け持ちました。参観日の前日、「明日、本読んでもらうから練習しょう」と言って、放課後私と二人で短い文を読む練習をし、参観日当日、何食わぬ顔で練習した部分を読ませました。すると上手に読んでくれました。この子どもはとても喜び、次の日、次の日、次の詩を書いてくれました。よほど嬉しかったのでしょう。

本よみ

六年　男

ぬくもりの　本をよんで
うまくよめて
先生に　ほめられた
うれしかった
また、よめたらいいな

ところで、子どもに学級の中で出番を作ってやることは参観日に限りません。ふだん学級の中で出番が少ない子どもに、クイズを出す係をやらせたり、学級の子どもが喜ぶ手作りおもちゃ（五センチほどの大きさの指で弾くブーメランや、ストローを飛ばすロケットなどは簡単に作れる）を紹介させたりすると、学級の中で主役を演じることができとても喜んで何度も「やらせてほしい」と言ってきます。

話題がずいぶんそれてしまいました。本題に戻し、もう一つ参観日の作文を紹介します。

参観日、授業中に子どもがお母さんやお父さんの様子を見ているようには思えませんが、驚くほど子どもはよく見ています。

長いおしゃべり

二年　男

さんかん日の日、おかあさんがきとうかなっと思ったら、村上さんのおばちゃんとしゃべっていた。

村上さんのかたをトントンとたたいた。

「なに。」

といった。

「ぼくのおかあさんと村上さんのおばちゃんがしゃべってんねん。」

「え。」

と、村上さんがふしぎなかおで見た。ぼくも見るとわらってしゃべっていた。

二時五十分にまた見た。まだまだしゃべっていた。

「長いな。長いな。」

といって、やっとやめてまた村上さんのかたをたたいた。こんどはぱあでやったから、「パン、パン」

となった。村上さんが目を大きくして、

「なに。」

といった。

「おわったでえ。長いおしゃべり。」

といっていて、いつのまにかしゃべっていた。

「キーン　コーン　カーン　コーン。」

となって、おしゃべりをやめた。やっとおわった長いおしゃべり。

※きとうかな＝来ているかな

子どもたちは参観日にはお母さんに見られているという意識を持っていますが、同時にお母さんはどうしているかな？　と、強い意識を働かせて様子をうかがってもいます。このような楽しい作文が出てくると学級の雰囲気もずいぶん和らぎ、活気づいてきます。

お酒を飲むと長話になるお父さん

五年　女

いつもは話が短いが、お酒が入るととても長くなる。短くて三十分。長くて一時間ぐらい話す。それも、この世の中のこととか、機械のこととか、そんなのばっかり。私は、お酒を飲むのはいいが、あんまり飲んでほしくない。話は長くなるし、見たいテレビも見れなくなるからだ。もし飲むとしたら、日曜日に飲んでほしい。だって、私の家族は日曜日の七時二十分から見る番組があるから、話が短くなるからだ。けど、いつもぎりぎりに話が終わるから、お母さんは初めのほうだけ見れないのでかわいそう。たまに私は、お父さんがお母さんにいじわるしてると思うことがある。でも、それは思い過ごしだなとすぐ思ってしまう。

お母さんも来て、全員そろったらなんだか話が多くなる。でも、お父さんだけはしんけんだ。大事なところになると、

「ちょっと静かにしろ。」

と言う。そう言われると私たちは静かになってしまう。

次の朝、お父さんは決まって、

「頭が痛い。」
と言って、薬を飲む。そんなお父さんが私はふしぎに思う。だって、頭が痛くなるほど飲まなかったらいいのにと思う。でも、お父さんはそんなことに負けず、またお酒を飲む。私はお父さんといっしょに飲む人は、お父さんの長話を聞いているのだろうかとふしぎに思う。

お酒の好きな私には耳の痛い作文です。ところでこの作文とは関係がありませんが、今の日本の家庭では、お父さんは自分本位に家族に接していることが多いのではないでしょうか。「子どもは親の背を見て育つ」という諺がありますが、子どもは善きにつけ、悪しきにつけ両親の姿をよく見ています。私自身、この作文を読んで家族の中でのありようを考えさせられてしまいました。

昼ねがくせになっている父

五年　男

うちのお父ちゃんは、変なくせがある。そのくせは、きたないくせでもないし、こわいくせでもない。ひまさえあれば昼ねをしていることだ。時間は別に決まっていないが、だいたい一時ごろから五時ごろまで。ときたま起きて、おしっこをしている。ね起きはいいほうで、五時ごろになるとちゃんと起きている。起きるとすぐにお茶を飲む。ぼくはねてから起きても、あまりのどはかわかないが、お父ちゃんはよく飲む。

ねて起きたすぐは、お父ちゃんはこわい。なんか気に入らないことがあると、ヒステリーを起こす。

だから、この時に変なことを起こすと雷が落ちる。が、普通はよっぽどくやしいときしかおこらない。

夜、ねるときもお父ちゃんはぼくよりも早くねる。

どうしてこんなによくねるのかは原因がある。その原因は、仕事の都合で朝五時半ごろからごはんも食べずに中央市場に行って、仕入れて家に八時ごろ帰ってくる。

ぼくはまだ、お父ちゃんが中央市場へ行くのを生まれてから一度も見たことがない。ごはんを食べると仕事に出かけ、夜遅いときでは十二時ごろ帰ってくる。時には、向こうで泊まることもある。だから、ひまさえあればいつもねている。

でも、ぼくはお父ちゃんみたいにねられない。


作者はもうお父さんが昼寝をよくされる理由が分かっているようで、仕事の厳しさも感じ取っているのでしょう。分かっていても自分と見比べてみるのが子どもです。

○子どもは父母の苦労や働いておられる姿をよく見ている

おとうさんのしごと　　　　二年　女

わたしのおとうさんはかしわやさんをしています。おとうさんのおみせには、おばちゃんたちがいます。

おとうさんのおしごとでたいへんなことはちゅうもんがあってはいたつすることとやきどりをやくしなものをおみせの人に出してやることです。もっともだいじなのは、しなものをしいれたり、くさらないようにちゅういもしないといけないのです。ゆうがたになればおきゃくさんがいっぱいになります。おばちゃんたちもたいへんとおもいます。やきどりをやいたり、からあげをつくったり、しなものをおきゃくさんにうったりしないといけないからです。

休みの日も、ちゅうもんがあると、はいたつをしないといけないので、おとうさんは休みがないときがあって、ほんとうにたいへんだとおもいます。どうしておとうさんはしごとがいっぱいあるのでしょう。かわいそうです。

おかあさんのしごと

二年　女

わたしのおかあさんのしごとの名まえは、おさけやです。それで、おひるからよるの八じまでにおわるのに、このごろは九じまえぐらいにおわります。おかあさんのお休みは、ちょっとだけです。ちょっとだけど、日よう日ぐらいです。もっと、もっと、お休みをおかあさんにあげたいです。わたしは、春休みや、冬休みや、なつ休みのたくさんの休みがあるのに、おかあさんはどうしてちょっとなんだろう。もっともっとわたしからお休みのプレゼントをあげたいです。そして、ほんとになったらみんなかぞくぜんいんでどっかいきたいね。

この二つの作文はいずれも四月の初めに、お父さんやお母さんの仕事について話し合った後に書いたものです。二年生の初めといえばまだ父母に甘えているのが日常の生活のように思いますが、両親の働いておられる姿をよく見ているだけでなく、まだ一度しか体験していないのに、自分にはある夏休みなどの長い休みとお母さんの休みを見比べ「わたしからお休みのプレゼントをあげたい」とまで考えています。日常、子どもが甘えてくることしか目に入らない私たちには、二年生になったばかりの子どもが父母の姿をここまで見ており、心を働かせているということはとても気のつかないことです。この、子どものお母さんやお父さんへの思いはどこから生まれてくるのでしょうか。

くつのしごと

三年　男

お父さんに聞きました。

くつを作るには、まず、デザインしさんがくつの形をきめます。デザインがきまったら、そのくつにつかうぶひんをそろえます。さいだん工さんが、くつの足のこうになるぶひんをさいだんします。そのさいだんしたぶひんを、ミシン場さんがミシンで足のこうになるようにぬいます。

ほかにかざりなどのぶひんを、ないしょく屋さんが作ってきたものと、くつぞこ屋さんが作ってきたそこなど、くつになるぶひんが会社にそろいます。

会社では、そのぶひんをつかってはり工さんが、くつの形をしたアルミのかたに　のりをつかってくつになるようにぶひんをはりつけます。

はり工さんのはりつけたものを、きかいでそことこうのぶぶんがはなれないようにきつくおしつけます。それを、むしがまの中に入れます。のりをかわかしたり、くつの形をととのえたりするためにむすそうです。

むしがまから出すと、くつはできあがりです。

けんさをして、きれいにしあげをして、はこに入れます。

はこに入れたくつを、大きなだんボールばこにいろいろな大きさのくつを入れます。その大きなだんボールばこを、うんそう屋さんがとん屋さんへはこんでいきます。

ぼくは、くつを一そく作るのに、はったり、ぬったりして、たいへんと思います。これからはくつをだいじにしたいと思います。

三年生になるとお父さんが経営されている町の靴工場の様子をここまで聞きだし、自分の考えを持ち始めています。学年が進むとさらに関心を強め、お父さんが働いておられる工場の様子に目を向けています。

新しい機械

六年　男

「ウィーン。」

大きな音が聞こえてきた。

戸を開けて仕事場を見ると、大きな新しい機械で父さんが仕事をしていた。

「いつ入れたん。」

大声で言うと、

「十四日に入れたんや。」

と、手を休めずに父さんが言った。

「思ったより大きいわ。」

横から姉ちゃんが言った。ぼくはすぐ裏に回って、機械を見にいった。

ガラガラ。戸を開けて入っていって、機械を一回りして見ていると、

「あんまりうろうろすんなよ。」

と、ぼくの方を見て父さんが言った。

「うん。」

と言いながら、父さんの方へ行くと、戸みたいに開けたり閉めたりできるところに、テレビみたいな画面があって、その少し横にキーがたくさんあった。そのキーを押すと、画面に数字などが表示される。

父さんが図面を見て何かしていたので、

「何しとん。」

と、のぞきながら言うと、

「ちょっと勉強しとんや。」

と、キーを押しながら言った。

ぼくはあちこち見て回った。すると、ずっと横の方にハンドルみたいなオレンジ色のやつがついていた。それに、後ろのほうにボタンもあった。父さんは少し使いにくそうだった。

それからしばらくして、

「帰るよ。」

という、母さんの声が聞こえた。しかたなしに仕事場を出て表へ向かった。「新しい機械をもう少し見たかったたな」と、思いながら帰った。


作者のお父さんは町工場を経営されており、お母さんも時間の余裕があれば手伝いに来ておられます。そのため、作者も工場は家からは少し離れていますが時々工場へ来ており、誰に言われることもなく工場の様子やお父さんの仕事ぶりを見ており、これらのことを題材にたくさん作文に書いています。

母の仕事

四年　男

――前略――

※　前段にお母さんが働きに行かれるようになったいきさつが書かれている

お母さんが初めて行く日、

「きょうからがんばるで。」

と、母は言いました。でも、母はぼくよりおそく行きます。だから「行ってらっしゃい」を言えません。だから、学校に行くときに「行ってらっしゃい」と「行ってきます」を言います。

母が帰ってくると、ぼくは、

「きょう、おもしろかったか。」

と、聞きました。

「やっぱりつかれるなあ。」

と、言いました。

「まだ、仕事行くんやろ。」

と、聞きました。

お父さんは早いときは五時に帰ってくるけどおそいときは八時から十時ぐらい。

きょう一日だけですごく母はじまんしていました。お父さんも帰ってくるとすぐ、ぼくもお兄ちゃんもすぐ聞きます。母の顔はにっこりしています。

また、あした行くと、

「ただいま。」

と言って帰ってきます。

ぼくは、ときたまコーヒーをわかしてやると、母はよろこんで、

「やっちゃん、おいしかったで。」

と、いってくれました。そして、毎日帰ってくると、コーヒーをわかしてやると、

「やっちゃん、あんまりコーヒーばっかりのんだら、体が悪なるからあんまりコーヒー、これからいらんで。」

と、言いました。ぼくは、しょぼんとしました。「これからコーヒーなんかわかすかい」と、心の中で思いました。

二日か三日たつと、母はコーヒーをわかしているのかのぞいている。

「ようし、三日に一回やったらいいやろ。」

と、言いました。

「ええで。」

と、言いました。やっと、ぼくもはらたっていたのが、どこかに飛んでいったようになかよくなりました。

——以下略

とても長い作文の一部分です。この後、お母さんの肩もみをしたこと、作者が風邪をひいてお母さんに

看病してもらったことなど、たくさんのテーマをひと続きに書いています。

どの子どもも疲れて仕事から帰ってこられるお母さんにこのようなことをするのではないでしょうが、毎日コーヒーを沸かすのを断られると「しょぼん」としてしまい、「三日に一回」だったらよいと言われて「はらたっていたのが、どこかに飛んで」いってしまう子どもの心に心がゆすぶられます。

おかあさんの服作り

五年　女

おかあさんは、たたみ一じょういっぱいにジャージーの分厚いきれを広げた。ワンピースの型紙を服地の上において、指を五本とも曲げて型紙の上からなぜるようにしてのばしている。待ち針を型紙の上から服地にさすと、パリパリと音がする。おかあさんは、一つすると、またす早くもう一つの方をする。そうして、型紙が動かないようにした。

今までは、おかあさんは家族のだけを作っていたが、近頃は近所の人に頼まれたのをするようになった。

わたしはきせい品よりも、おかあさんの作ってくれた方がなんだか好きだ。はだざわりがよく、巾もぴったりだし、毎日作っているのを見ているので着やすい。それに、やっぱり作ってくれたありがたさが身にしみる。

おかあさんは、チャコで印を入れた。三センチぐらいのぬい代を取って服地を切った。今日は、パーマ屋さんに頼まれたのを作っている。はさみを右や左に動かして、シャキ、シャキと布を切る音がする。おかあさんの手がねじれているようだ。見ていると、とてもかんたんみたいだ。今度はチャコで印を入れたところを、しつけ糸で大ざっぱにぬっていった。おかあさんは、一言もしゃべらずに、よそ見もしないで、しんけんな顔でぬっている。これは、ぬうといっても、丸結びもしないでぬっていくのだ。それに、針を通したところから五ミリぐらいのところで切っていくのだ。それをくり返し、くり返しして、全部のチャコの印のところをぬった。

わたしは、おかあさんが仕事をしているのを見ていると、遊んでばっかりいないで手伝いをするようになった。それは、おかあさんがあんなにいっしょうけんめいわたしたちの服を作っているのだから、わたしもなにか、おかあさんにしてあげることはないかな、と思って考えたのが、米洗い、そうじ、妹の子守り、せんたくなどの手伝いだ。

おかあさんは印を入れたところを、さっきのより少し小さくぬっていた。すぐに服の形ができた。しかし、これは仮ぬいだけだった。でも、仮ぬいをするまでおかあさんは一度も休んだことがない。

「おかあさん、しんどない。」

「もう、おかあさんぐらいになると、なれてきてしんどないで。」

そう言いもって、仮ぬいできた服をハンガーに掛けた。そして、ぬったところをつまんでみたり、すそを引っ張ってみたりしていた。これは、悪いところがないかなどと調べているのだ。

言いもって＝言いながら

悪いところがなかったとみえて、ハンガーから仮ぬいのできた服をはずした。そして、アイロン台の上に服を置いたと思うと、せっかくぬったのをまたはずしてしまった。

ふつうなら、お客さんが仮ぬいのできた服を着てからするのだが、そのお客さんが四国に行っていないから、着ずにおかあさんが見ただけではずしたのだ。

「なんではずすん。」

「あほやねえ。これは仮ぬいだけやから、またはずしてミシンでぬわなあかんの。」

「ほんなら、初っから仮ぬいなんかしなかったら、ええのに。」

「仮ぬいせな、悪いところなんかが分かれへんやろ。」

おかあさんにそう言われて、やっとなっとくができた。

これからが本番だ。前と後ろの部分のきれをうでにかけて、さっきと同じような顔でミシンの所へ行った。でも、おもしろいテレビがかかっているときは、ミシンの所へ行く前に、テレビを見ていくことがある。今日はテレビがあまりおもしろくないので、テレビも見ずにスタスタと行った。

ミシンの所へ行って、足ふみのところをぐっとふむと、ガタガタとミシンの針が動いてきれがみるみるうちにぬえていった。おかあさんは、手をだんだん前にしていく。おかあさんの顔はしんけんで、じっとミシンの針を見ている。

後ろと前がぬい終わったらしく、またアイロン台の置いてある机にもどった。

このワンピースの形は、前と後ろの割れえりで、服の前にくるボタンが十五個付いている。そでは七分で、そでの辺りからつまんであって、切りかえがしてあるワンピースだ。

今度は、そでの内っかわに入る方を一センチぐらいずつぬっていった。これも前と同じで、玉結びをしないでぬっていくのだ。でも、これは針を入れたところから五ミリほどで切るのではない。糸のはしとはしを引っ張ってちぢめるのだ。そうしないと、そでのところは丸くなっているので、ちぢめておかないとうまくぬえないのだ。それから、五十センチのこんのチャックをしつけ糸で後ろに付けた。こうして、またミシンでぬい始めた。

わたしは、おかあさんが仕事をしているときは、あまり話しかけないようにしている。おかあさんがめんどくさそうな顔をするからだ。

こうして、おかあさんは二・三日か四・五日でワンピースをぬい終わる。しかし、まだまつっていない。まつるところは、そで口、すその二か所だ。これはおばあちゃんの仕事だ。

おかあさんは服ができあがると、座ったままうでを思いっきり上にのばしてあくびをしていた。

「やっとできた。」

おかあさんはため息をついた。そして、首をぐるぐる回したり、指を曲げたりのばしたり、体をねじったりして、体を休めていた。体がつかれているのだ。

五年生になるとお母さんの仕事ぶりを実によく見ているものです。ここまで細かく観察しているのかと驚かされます。

ところで子どもはお母さんのしておられることを観察しているだけではありません。自分もしてみよう

※　次の作文は同じ作者のものではありません

と挑戦もしています。

きようなお母さん

五年　女

――前略――

わたしが一番うれしいことは自分がお母さんに注文を出して、それをお母さんが作ってくれて、わたしが着ることです。

わたしはお母さんにおそわってもぜんぜんできません。いつでもわたしは、なんでお母さんあんなことできるんかなと思います。

この前、ししゅうを教えてもらった時、わたしが、

「お母さん、このやり方教えて。」

といったら、

「これ、少しむずかしいけど歩ちゃんできるかあ。」

といった。わたしは初め見た時、むずかしそうやけどきれいやからやってみようかな。と、思いました。やっぱり、やったら少しむずかしかった。

一回めはしっぱい。二回めもしっぱい。それを三回ぐらいくり返してやっとできた。できた時はうれしくて、

「お母さんできたで。」

と、すぐにいいに行きました。

それから少したってから、お母さんがあみものをしているのを見ました。わたしは、すぐまねしてやったけど、ぜんぜんだめでした。それにきようなお母さんは、一れつするのにすごい速くするので、わたしは、

「あんなに速くして、きれいにできとんかな。」

といいながら、お母さんがごはんの用意をしている時、こっそり見に行きました。でも、きちんとみんな長さもそろってととのっていたので、びっくりしました。「さすがお母さんはきようやな」と思いました。だから、わたしの持っている服は三分の二以上がお母さんに作ってもらったものばかりです。

こんどは、わたしがお母さんに作ってあげられたらいいけど、やっぱりきようなお母さんにはかなえられません。これからも、いろんな洋服を作ってくれると思うけど、その時はどんな服ができるか楽しみです。

子どもは好奇心が旺盛でそのうえ何でも挑戦してみようとし、向上心の旺盛なものです。お母さんの仕事ぶりを見ていた作者は、その出来栄えを確かめるために「お母さんがごはんの用意をしている時、こっそり見に行き」驚いていますが、この驚きがまたこの作者が次のものに挑戦する力となっていくのでしょう。

ところで現在、「やる気」を弱めたり、失いかけている子どもが増えていますが、子どもの「やる気」は教えれば身につくというものではなく、子どもが本来身に備えているものです。現在、学校教育がどっぷりと「競争の体制」にはまり込んでいますが、子どもを競争の体制の中に駆り立てるのではなく、こどもの「やる気」、つまり自発性を健やかに伸ばしてやることこそ今求められているのではないでしょうか。スウェーデンやデンマークでは全く競争のない教育が行われていると聞きますが、子どもたちはしっかりと学力を身につけ、何事も自分で判断し、責任を持って行動できる力を身につけて育っています。子どもの内なる力をしっかりと引き出し、培ってやるのが教育の営みです。

◦子どもはお手伝いが好き

おとうふのおつかい　　　　二年　女

おかあさんが、

「おとうふこうてきて。」

といった。わたしが、

「いいよ。なんちょう。」

といった。おかあさんが、

「きぬこし五ちょう。」

といった。わたしは　はしっていった。

シマダをとおりぬかしてやっとついた。いきを「はあ　はあ」やった。わたしは、

「おばちゃん。」

といったら、おじちゃんが出てきた。わたしはまちがえた。ふしぎだった。

このまえきたとき、わたしが、

「おじちゃん。」

といったとき、おばちゃんが出てきたけど、きょうはおじちゃんが出てきた。

へんだった。おじちゃんが、

「なんちょう。」

といった。わたしは、

「きぬこし五ちょう。」

といった。おじちゃんはめがねをかけたやさしいおじちゃん。

わたしはまた、うちにはしってかえった。わたしが、

「おかあさんただいま。こうてきたよ。」

といった。おかあさんが、

「ありがとう。」

といった。わたしはそういわれてうれしく思った。

この作文から読み取れるように、子どもはお母さんから「ありがとう」と言われるだけで喜びを感じ、おつかいに走っていくのです。子どもを喜ばせ、満足感を得させて「やる気」を引き出すのは何も難しいことではありません。親や教師が、子どもに対して喜びの気持ちを伝えると、子どもは満足し「またしよう」と、意欲を燃やします。

私は時々「おうちの人を喜ばせましょう」という宿題を出していました。この宿題を出すと子どもたちがとても喜びました。それだけではありません。お母さんやお父さんからも喜びの声を何度も聞きました。子どもたちはこの宿題を出すと、玄関の靴をそろえたり、「肩たたき券」を作ってお母さんやお父さんの肩たたきをしたりしています。こうしたことを通じて、子どもたちは「机の上を片付けたのでお母さんが喜んでくれました」「今日はお兄ちゃんと喧嘩をしなかったのでお母さんがとても喜んでくれました」「夕食の時、家族の食器を出すのを手伝いました」「朝、早く起きて学校へ行きました」等など、家族を喜ばせた作文をたくさん書いています。

庭のおそうじ　　　　四年　女

「お母さん、なにかすることない。」

「そうね、悠ちゃん、庭がきたないからそうじしてくれる。」

「うん、いいよ。」

と言いながら、階だんをおりてほうきをもった。うえ木ばちの下を見るとタバコや紙ぶくろがいっぱい落ちていた。私は、みんなきちんとゴミばこに入れてくれたらなと思った。

初めにうえ木ばちをどけて、ほうきではいたらいっぱいゴミがあった。はいてもはいてもゴミが出るのでいらいらしてきた。一番いっぱい出てきたゴミはタバコと紙ぶくろがなんこもあった。急に強い風がふいた。たくさんのゴミが飛んで、

「わっ。」

と、大きな声で言った。

また、ゴミをはいた。私は、

「しんどいな。しんどいな。」

と言いながらはいていた。

やっと終わったと思ったらゴミをすてに行かなければいけない。また「はっ」と、ためいきをついた。だっていっぱいゴミがあるんだもん。妹が、

「てつだってあげる。」

と言ってきた。私はとてもうれしくなった。

「じゃあ、店のゴミばこがあるでしょう。そこにほかしに行ってくれる。」　※ほかしに＝捨てに
「うん、いいよ。」

「ありがとう。かずみ。」

私がはいて、妹がちりとりをもって店にほかしに行ってくれた。

妹がもどってきてまたはいた。いつになったら終わるんだろうと思った。もう一回はいた。妹はゴミを落としながらほかしに行っているのでおもしろくなってわらった。七回ぐらいほかしに行った。私はやっと終わったと思いながらほうきをしまった。妹に、

「ありがとう。てつだってくれて。」

と言った。

私はいそいでお母さんに、

「できたよ。庭のそうじできたよ。」

と言った。お母さんは、

「悠ちゃんありがとう。悠子がおるからたすかるわ。悠子ありがとう。」

と言ってくれた。私はとてもうれしくなった。

次の朝おきて外に出てみると、庭がとてもきれくなったので、心が気もちよくなった。


作者の家は店を経営されており、家の門口にたくさんのゴミが落とされるのです。そのため、掃除をするのが大変なのでしょう。途中でいらいらしたり、ため息をついたりしながらやっと掃除を終えますが、終わった後お母さんから礼を言われて一度に嫌だったことを忘れてしまい「私はとてもうれしく」思っています。子どもは多少嫌なことがあっても、お母さんに喜んでもらえると満足し、成就感を味わっています。

さらあらい　　　　　　　　　　　　二年　女

「真由美さらあらいする。」

「する。」

わたしはみずやへいって、ママローヤルをてにしてシューとだした。

「ジャバン。ゴシゴシ。」

あわがぐんぐんでてきた。

「ゴシゴシ。」

いっぱいあらってもうおしまい。みずをだして、「シュー　シュー」と、水の音。

「ジャポ　ジャポ。」

水がながれてもうさらあらいはおしまい。「また、やりたい」と、心の中でおもった。


また、なんでも自分がしたい、自分でしたいのが子どもです。そのため、幼児でもお母さんやお父さんのまねをしようとしますし、お手伝いをさせてもらうと喜びます。学級の掲示板でも、子どもたちに手伝わせると喜んでやってくれるだけでなく、掲示係などをつくって掲示をさせると、しょっちゅう「先生、掲示するもんないのん」と、尋ねに来ます。

掲示係になった子どもに掲示をさせると、低学年の場合、高い場所に掲示をさせるのは危険で限られた場所になりますし、はじめは掲示物のバランスがよくなかったり、傾いていたりします。しかし、私は子どもが掲示してくれたものには掲示の仕方に注文を出さないようにしていましたが、子どもたちはちゃんと自分が掲示した出来栄えを見ており、驚くほど早く上手に掲示するようになります。そのうえ、子どもが掲示すると私が掲示するよりはるかに子どもたちがよく見るようになります。そのため、毎日のように掲示物を張り替えても子どもたちはしっかりと見ており、多くの子どもの作品やニュースを掲示することができます。

ところで、この「さらあらい」を書いた作者のお母さんは上手に「子ども心」を掴んでおられます。うまく子どもの出番を作っておられるのです。しかし、このようなお手伝いは毎日のことではないでしょう。だが、子どもたちの中には低学年の子どもでも、毎日、日課としてお手伝いをしている子どももいます。

わたしのおてつだい

二年　女

朝七時におきて、お花の水やりをします。お花の水やりをするのがとても大すきです。なぜかというと、花のつぼみがだんだんと大きくなって、きれいな花がひらいた時は、本とうにうれしいです。明日はひらくかなあと思いながら水をやっています。

きょうも、お母さんがおみせに行く前に、ばけつに水とじょうろを用いしてからおみせに行って、おしごとをしていました。

わたしは、おきてかおをあらったら水を花にかけてやりました。ばけつから水をくんで、お花に水をかけるのです。かける時に、水がじょうろの先から雨みたいにきれいに出てきます。きょうの水やりはちょっとさむかったです。一つ一つていねいに花に水をかけて、おみせに朝ごはんをたべに行きました。

前に、小さなうすむらさきのちょうちょや、大きなあげはちょうが、お花にとまっていた日がありました。それで、水をやらずにそっと見ていました。すると、しばらくして車のほうへとんでいきました。

水やりがすむと、みせに行ってパンとミルクコーヒとたまごをたべながら、コップにこおりを入れたりして、お父さんがコーヒーをたてるのを見ていました。

七時はんごろになって、家にかえって弟と妹をおこしました。

「まさひろ早くおきよ。」

というと、弟はむっくりとおきてきました。れいぞうこからりんごをもってきて、三人でたべました。妹は、いつも目をこすりながらたべています。

八時ごろに、友だちがさそいにきてくれました。わたしは、すぐにわすれものがないかたしかめて、弟に、

「まあくん、行ってくるから、ママがかえってくるまでかずを見ときよ。」

といって、学校に行きました。

学校へ行くとき、おみせによって、またお父さんとお母さんに、

「行ってきます。」

と、声をかけました。すると、お母さんがおみせのドアから出てきて、

「はをみがいた。ハンカチもってる。わすれものないね。」

と、いってくれました。

「行ってらっしゃい。がんばっといで。」

と、きょうもいって見おくってくれました。

おてつだいをするのがとてもたのしいです。


この作者の両親は家から数軒離れた所で喫茶店を経営されており、朝は忙しくされています。そのため、毎朝、庭の花に水をやるだけでなく弟や妹の面倒も見ています。作者はまだ二年生ですから私の感覚では幼い子どもだと思うのですが、毎日の日課となっているこのようなお手伝いをいっこうに苦にしていないだけでなく、することに喜びを見出しています。子どもは自分が家族の中でしっかりと存在感を示すことができると満足感を得ることができるのでしょう。

また次の作文は、両親が働いておられて姉の作者が、辛いことがあっても頑張っている様子が読みとれる作品です。

お母さん早くむかえに来て　　四年　女

弟と妹といっしょに、若松公園へ遊びに行きました。公園の周りを見ると、男の子がサッカーをし

てたり、とても小さい女の子がなわ飛びで遊んでいました。すると、弟が、

「ねえ、お姉ちゃん何をするん。」

と大きい声で言いました。妹はぶらんこの所に行って、

「お姉ちゃん、ぶらんこしよ。」

と言いながら、ぶらんこをこいでいました。私と弟は、

「うん。」

と言いながら、ぶらんこの所まで走って行きました。私が妹に、

「ねえ、和実ちゃん二人のりしよか。」

と言いながら、ぶらんこにのりました。私が何回も、

「あぶないから、しっかりつかまっときよ。おちたらけがするよ。」

と言いました。私はおもいきりこぐと、冷たい風にあたりました。妹は、

「こわい。こわい。キャー、キャー。」

とさわいでいたので、こぐのをやめました。

しばらくたって、弟が、

「おにごっこしよ。ぶらんこおもしろくない。」

と言いました。弟と妹といっしょに、

「じゃんけんでホイ。」

と大きい声で言うと、妹がおにになりました。私と弟は、妹からはなれてにげました。妹は、

「おにになりたくない。」

と言ったので、弟がかわりにおにになりました。

四時半ごろになりました。私が、

「お母さん、お仕事が終わったら、公園にむかえに来るって言っていたよ。」

と言いました。私は、ジャンパーのポケットの中から、家から持ってきたチョコレートを六こ持ってきたので、三人で分けました。

食べ終わって時計を見ると五時半でした。遊んでいる人もだんだん帰っていきました。すると妹が、

「寒いねえ。」

と言ったので、私がジャンパーをかしてあげました。

六時ごろになると公園の中は三人だけでした。妹と弟は心配そうに、

「お母さん、どうしたのかな。」

と言いました。その時、お母さんが来ました。私と弟と妹は、走ってお母さんの所に行って、私が、

「すごく寒かったわ。」

と言って、帰りました。とても寒かったです。

作文を読んで「四年生にしては厳しいお手伝いだな」と思わずにはおれません。しかし今、厳しい現状

に置かれているのは子どもだけではありません。両親もまた厳しい条件の中で生活を支えておられます。この作文は少し古いものですが、現状はいっそう厳しさが増しています。しかし子どもは、家族の愛情に包まれておれば多少の困難には屈しないものです。

ところでこの項の小見出しを「子どもはお手伝いが好き」としましたが、子どもはお手伝いを嫌がってはいなくても、いつ、どんなお手伝いでも喜んでするわけではありません。やはり、子どもの心の状態を察し、上手に子ども心に働きかける必要があります。

おかあさん　　　　五年　男

ぼくのおかあさんは、そうじの時になると、いつもぼくにいいつける。

「早よし。」

「そないいうけど、いつもぼくやんか。いつもしよったらあきてまうわ。」

「そんなこというけど、おかあちゃんは会社に行ってるねんで。」

という。

おかあちゃんは、いつもぼくにいいつける。

「いやや。あ、そうや。おかあちゃんし。」

「そんなんいうんやったら、するやんか。」

おかあちゃんは、おこったようにいった。

「早よどき。」

「ええやんか。勉強しとんねんから。」

「そんな、向こうでしたらええやんか。」

「ほんなら向こうでするやんか。」

ほんまに、ぼくをごみとまちごうとんちゃうか。そやけど、なんであんなにおこるんやろな。ぼくが、そうじせえへんからやろか。

「おかあちゃん。そうじ、するやんか。」

「ええわ。そうじ、きらいやろ。」

「そやけど、おかあちゃんぼくがそうじしてくれたら、たすかるんやろ。」

「そら、たすかるけど。そやけど、そうじがきらいやから、ちっともしてくれへんやんか。」

「したるがな。」

といって、そうじをしだした。

「ようしてくれたなあ。きょうはとりの足やで。」

読むと思わず吹き出してしまうような親子のやり取りです。お母さんの厳しい会社勤めが子どもの暮らしに直接影響を与えています。

ところで作者は、いやな掃除をいったんは断りますが結局は「そやけど、おかあちゃんぼくがそうじしてくれたら、たすかるんやろ」と言って、作者が掃除をしています。五年生になるとお母さんが会社勤めで疲れておられることをよく承知しているのです。

子どもは子ども同士でどんなに楽しく過ごしていても、それだけでは心を充足させることができません。家族の中で自分の居場所があり、役割が果たせた時、充足感を得ています。お手伝いは家族の人間関係を豊かなものにするためにも大きな意味のあることです。学級経営でも、子ども心を上手に捕らえ、子どもの力を生かしたいものです。

§　子どもに作文を「書かせる」のではなく子どもが「書きたがる」作文を

先にすでに述べていますが、私は作文を書きたがらない子どもに「作文を書くように」求めることはしませんでした。しかし、一学期の終わり頃になると決まって子どもたちから「先生、作文書こうな」と催促されていました。学年が変わって私が受け持っていた学級を受け持つようになった先生から、「田中さんが受け持っていた学級を受け持ったら、いっぱい子どもが『先生、作文しよう。作文書こうな』と言ってきて困ってしまう」とよく言われたものです。子どもは「書くことがない」という心の重しが取れればどんどん書き始めます。「書きたい」ことが次から次に心に浮かんでくるようです。

もちろん、子どもたちの中には無口な子どもがいるように、表現意欲の旺盛な子どもとそうでない子どもがいます。しかし、子どもをよく観察してみると学校では無口でも、家ではよくしゃべっている子どもがいますし、またその逆の子どももいます。本来、子どもは自分の思いを親や先生、友達などに伝えたいという強い願いにも似た思いを持っています。子どもたちの毎日の暮らしの中には話のタネが尽きないのです。だから、たとえ強弱はあっても「これは話したい」と思っていることが必ずあります。だからこそ、子どもは心が許せる人にはいっぱい話をしにくるのです。作文や詩を書くことは、ちょっと親や先生、友達に話しかけるのとは違ってはいますが、心に抵抗感がなければいくらでも書き始めます。子どもが書きたがらないということは必ず何か原因があります。もし、学級の中に「書きたがらない」子どもがいるとすれば、それはどこかで教師の指導上のおもわくと、子どもの心との間にギャップが生まれているからだと思われてなりません。

◦作文や詩の題材を広げる取り組み

二年生を受け持った四月の初めのことですが、授業が終わって運動場に出ようとしている子どもたちに「運動場にお花、咲いてるかな」と尋ねてみました。すると子どもたちはいっせいに「見てくる」と言って運動場へ駈け出して行き、次の時間、私が教室に入るなり次々と手を挙げて運動場で見つけた花を発表し始め、発表し終えるととても満足そうにしていました。子どもたちはチューリップや三色スミレのように目立つ花だけではなく、タンポポやスミレのように校庭の片隅に咲いている花も見つけていました。そこで「もっともっと小さな花がないかな」と持ちかけてみると、その次の時間には校庭の塀際に生えているハコベやオランダミミナグサ、ナズナ、ミチタネツケバナ、ホトケノザ、ヒメオドリコソウなどを子どもたちが摘み取ってきました。

そこで子どもたちが見つけてきた花を教室の後ろの黒板に書かせますと、喜んで花の絵を添えて競争のようにして書いてくれました。このようにして子どもたちに働きかけると、花に訪れてくるハナバチやハナアブ、盛んに伸び始めてきた若葉の様子などに子どもたちはとても興味を持って観察を始めました。そして観察して気付いたり、見つけたりしたものをとても発表したがりました。

こうした活動は学年が進むとどんどん内容が広がり、やがて学校や街で見かける生き物や植物の姿にとどまらず、やがてバス停やＪＲの駅が込み合っている時間帯や商店街、工場の様子などにまで広がっていきました。このような活動は学力に関係なくどの子どもも優劣なく参加でき、何かを見つけると学級の中で存在感を示すことができます。そのため、こうした活動を通じて学級がとても活気づいてきます。このようにして子どもたちが能動的に関心を示す事柄が広がってくるとおのずと作文の題材が広がってきます。

◦作文や詩の題名や書き出しを紹介する一枚文集

私は作文や詩を一枚文集に載せるだけでなく、時々、作文や詩の題名だけを紹介したり、書き出しだけを紹介する一枚文集も作っていました。

まず、題名だけを紹介している一枚文集ですが、この一枚文集には学級全員の子どもの作文や詩の題名と子どもの名前を載せていましたが、紙面の都合もありその一部分を紹介します。（名前は省略・この項はすべて四年生のもの）

・ぼくはくいしんぼう　・じゅくに入った　・大きらいな水曜日　・ガラスをわった

・ゆめのたいけつ　・じゃがいも　・車のけしごむ　・赤ちゃんがほしい　・四人野球
・大きな声で売っている魚屋さん　・電車のまどの外　・トンボの研究　・宿題

このようにして一枚文集で作文の題名を紹介しますと、作文や詩の内容は載せていなくても子どもたちは互いに響き合っており、自分の暮らしの中から「次はこれを書こう」と、書くことが思い浮かんでくるようです。私の題材指導はいたって簡単なものです。

次は書き出しを紹介している一枚文集から、まず「会話から書き始めている作文」として載せたものの一部です。文字通り作文の書き出しの部分だけを載せた文集です。

けんか

「いた。」
「なにたたきよんどい。」

右手の中指をつめた

「いたい。」
二階で勉強していてえんぴつけずりを取りに行こうとしてふすまで中指をつめた。

おつかい

「和恵、ちょっといちばまで行ってきて。」

といわれた。わたしははじめいやだったけど……

田中先生

「山口さん。」

と、わたしは先生によばれた。わたしはドキンとした。

すもうとり

「はけよい、のこった、のこった。」

私のすきなすもうとり。いつも横づなの私。

いぬのしつけ

「おすわり。お手。」

と、お母さんが犬におしえています。

きょうだいげんか

「なんやねんチビ。」

「うるさい、でっぱ。」

と、おとうとがいった。ぼくもまけずに……

このような一枚文集を作ると別に取り立てて指導しなくても、多くの子どもが作文の中にたくさん会話を入れて書くようになります。すると、なぜか作文がしまってきます。次は、何かを始めたことや、何かが起きたことから書き始めている作文です。

とびばこ

バーン。ドシン。五だんもある飛びばこが飛べた。

さとしくん

十一月十九日、近くの親るいの家に赤ちゃんができました。

ぼくの家のかぞく

ぼくは、お父さんのいなかに行ったことがない。

プラモデル

ガシャ。またしっぱいした。はじめからもう五回めだ。

本

お金をもらって本やにわたしははしって行った。

だいじなぼくの手

ぼくの手はしわがあって、ゆびが少しほそくて、ものすごくへんな手です。

ミシン

ガタン、ブルー。ものすごい音だ。ぼくはいそいで下に行った。

注＝ゴム工場のミシン

野球

うったとき、ぼくはうけそこのうて一点とられた。

飛行機

「ビュン。」

飛行機を飛ばした。

本読み

さあ、私の出ばんだ。

「川渕さん。」

人間ロープウェー

風が私の方へと向ってくる。

作文は書き出しが決まるとほぼ書く内容が定まります。そのため、ある日のことを項目的に書いた作文が自然と減り、「この中で一番書きたいことは何かな。一番書きたいことを一つ選んで書くといいね」などと、文章の中心点を考えるように取り立てて指導しなくてもあまり内容がぼやけてきません。

書き出しの例を引くのはこの二つに絞りますが、書き出しは作品の内容を決めるうえで重要な意味を持っています。いろいろな形の書き出しを一枚文集で紹介したり、書き出しの部分だけを別の紙に少し大きな字で書かせ、書いた子どもに掲示させたりすると、あまり手間がかからず効果はよく現れます。

◦子どもにも憲法が保障している表現の自由を

私は子どもが書く作文や詩は、子どもの心の活動であり表現活動だと考えています。そのため、作文や詩は子ども自身が「書きたくて書くもの」を大切にしたいと考えて書かせてきました。しかしこのような考えは学習指導要領には定められていません。

確かに、子どもは発達過程にあり教師が指導の手を加えてやらねばなりません。しかし同時に、表現活動は憲法に保障されているように自由なものでなければなりません。つまり、憲法が保障している「表現の自由」は大人だけが享受するものではなく、子どもにも享受させてやらねばなりません。

私は若い頃、「表記」の間違いを訂正させたり、「ここ、もうちょっと詳しく書いてほしいな」などと言って書き加えさせたりしていましたが、「同和教育」と出合って（１９７０年代の初め頃）以降、自分自身の過去の実践に検討を加え、子どもの書いたものに手を加えることは控え、書き加えさせたり、書き直しをさせたりしないようにしてきました。

ここで話が横にそれますが、私がこのように自分自身の実践の見直しを始めたのは、当時、神戸市では「神戸市同和教育研究協議会」が主催する「研究会」に全職員の参加が求められ、私はいつもこの研究会の「生活綴方」分科会に出席していましたが「君の実践はぶ・さ抜きで役に立たない」「出自を明らかにし、心を表白させるべき」と、批判され続けたことに納得できなかったからです。私はこうして厳しく批判され続ける中で、かえって、子どもには「子どもの素直な思いを書かせることだ」という思いを強めました。

話を本論にもどしますが、私は子どもの作品には手を加えませんので本論に引用している作文も、表現にごたつきがあり、ちょっと手を加えればすっきりした表現になると思われる作文が多々あったと思いますが、一枚文集にもそのまま載せていますし、本論でもそのまま引用しています。

ところで、子どもが書きあげた作文は、文章全体はやや表現力に乏しいものであっても、部分的に優れた表現をしているという作文が案外多いものです。この優れた部分を「ここいいから、ちょっと黒板に書いといて」と言って子どもに書かせたり、授業のちょっとした合間に紹介してやったりします。そして、一枚文集に「上手に作文を書いているところ」と見出しを付けてこの部分を紹介してやると子どもはとても喜びます。子どもは心が羽ばたくと素晴らしい力を発揮しますし、旺盛に物事を学びとっていきます。

最後に推敲の問題ですが、私は基本的に低学年では行いませんでした。中・高学年では作文とは切り離し、国語の時間に例題を出して考えさせることにしていました。

なぜこのようにしていたかというと、子どもも一定の年齢になると自分の考えや主張を他の人に分かってもらうためにどのように工夫するか考えるようになります。すると、教師からあえて問題提起しなくても、子ども自身が自然に推敲を始めます。私は、この子ども自身が内に備えている力にこそ頼りたいのです。

§　おわりに

二年生の始業式の翌日、最初の授業で子どもたちが二年生になった喜びを書いてくれた文の中に次のようなものがあります。

先生にしてほしい　　　　　　二年　女

田中先生にしてほしい。本をたくさんよんでくれたり、みんなとあそんでくれたらいいな。もう二つあった。もっともっとべんきょうやったり、うんどうをやったり、早くやりたいなあ。もっともっとたくさん、べんきょうやうんどうをやりたい。

これをみんなと田中先生とわたしでがんばろう。田中先生もがんばるみたいだからわたしもがんばろう。

子どもは純粋です。新しい学年が始まると胸をふくらませ「もっともっとべんきょうやったり、うんどうをやったり、早くやりたいなあ」と思っているのです。このような思いを持って新しい学年を迎えているのはこの作者だけではありません。ほぼすべての子どもが同じような思いで新しい学年を迎えています。子作品を紹介するのはこの一点にとどめますが、多くの子どもが「勉強が早くしたい」と書いています。

どものこの思いを満たしてやるのが教育の営みです。教育は教え込むことではなく、子どもの内なる力を培ってやることです。

子どもはまた、「勉強したい」「運動したい」と思っているだけでなくとても優しい心の持ち主です。次の作文を書いた子どもは「腰が痛い」と言っておられるお母さんの様子を見て心を痛めています。

おかあさんのこしを早くなおしてほしい　　二年　男

おかあさんは、

「こしがいたい。」

というので、ぼくとおねえちゃんがみまもっています。だけど、おかあさんはぼくとおねえちゃんのごはんをつくらないとだめだから、おかあさんはこしがいたいけれどいっしょうけんめいに、ぼくとおねえちゃんにごはんをつくってくれます。おかあさんはこしがいたくてもがんばっています。ぼくとかおねえちゃんのことをしてくれるやさしいおかあさんです。

国連「子どもの権利委員会」が出した「子どもの権利条約」を補足する「一般的注釈7号」では、「乳幼児期」を「出生から8歳までの時期」と示しており、この見解によると二年生の子どもは「乳幼児期」とみなされる幼い子どもです。本論で何度もふれましたが、二年生の子どもはまだ何もかも親に甘えて毎日を過ごしている幼児です。その幼児が「ぼくとおねえちゃんがみまもっています」書いているのを読んで心が震えました。子どものこのような思いは目には見えませんが、この作文に書いているようにお母さんの腰痛を気遣い、感謝の気持ちを表しているのです。

また次の作文はどうでしょう。一学期の終わりが近づき、通知簿をもらう季節が近づくと先生の通知簿を見たいという思いを募らせています。

先生のつうしんぼう

二年　女

先生のつうしんぼう見たいなあ。

先生はやっぱりえらいからいいてんすうかな。でも、見たいな。じぶんのつうしんぼう見られるけど、先生はわたしたちが生まれてないときつうしんぼうもらったので、もう二年生のつうしんぼうはなくしているだろうな。でも、一どだけ先生のつうしんぼう見たいな。なかったらさがしてほしいな。


何と子どもらしい発想でしょうか。私はこのような子どもの優しさややる気、何にでも「なぜだろう」「どうなんだろう」と問いかける探究心、知識や技を身につけようという強い意欲等を引き出し、表現させてやるのが生活綴方だと思っています。

ところで、学習指導要領「国語科・書くこと」の項（三・四年生）では、目標として「相手や目的に応じ、調べたことが分かるように、段落相互の関係などを工夫して文章を書くことができるようにするとともに、適切に表現しようとする態度を育てる」と掲げ、内容として、

・相手や目的に応じて、適切に書くこと。
・書く必要のある事柄を収集したり選択したりすること。
・自分の考えが明確になるように、段落相互の関係を考えること。
・書こうとする事の中心を明確にしながら、段落と段落との続き方に注意して書くこと。
・文章のよいところを見付けたり、間違いなどを正したりすること。（一・二年、五・六年は省略）

と記されています。

この目標と内容を読むととても表現力を養うように力が込められているように読み取れます。しかし、よく読んでみると表現技術を高める技術的視点が強調されているにすぎず、最も肝要な子どもの思いを素直に綴らせる視点が抜け落ちているように思われてなりません。また、子どもの表現意欲を高める視点も含まれていません。

学習指導要領には「法的拘束力」があると強調されている教育現場では、多くの先生方の努力が学習指導要領に示されている事柄をいかに効果的に指導するかが課題となり、この課題の達成に主な努力が注がれています。そのため、多くの先生方は指導力を高めるために様々な努力をされているにもかかわらず「書きたがらない」「書くことがない」という子どもは一向に少なくならないだけでなく、子どもが自分の心の内を素直に綴ることがとても少なくなっています。しかし今、様々な要因により、心に傷を受けた子どもが増え続けています。

私はこうした現状のもとで、子どもの思いをしっかりと受け止める生活綴方を大切にしたいと思い退職座した後も「作文と教育」誌を読み続けてきました。その「作文と教育」誌には、毎月実践報告や実践講座が掲載されていることを楽しみに読ませていただいていますが、本論ではそれらの記事と少し角度を変えて「生活綴方このよきもの、子どもは書くことに喜びを感じている」ということをテー

マに一文をまとめさせていただきました。ご感想をお寄せいただけると光栄です。

なお、本論に多くの子どもの作品を作者に断りを入れずに引用させていただきましたが、その失礼をお

許しください。

二〇一〇年　五月

田　中　敏　夫

●「初出一覧」

『作文どんどん書いたよ——表現意欲を育てる教室』

『家族っていいな——お母さんお父さんは素晴らしい』

『遊びは子どもの成長の糧——瞳が輝く時、思考も行動も活性化する』

以上、兵庫部落問題研究所——現、兵庫人権問題研究所

『子どもが夢中になる50の名場面——小さな子ども王国を地域・学校に』清風堂書店

『やる気を引き出す子育て・教育——教育「改革」3法への疑問から』日本機関紙出版センター

※これらの本から子どもの作文を引用しました。

田中敏夫（たなか・としお）

1931 年、兵庫県で生まれる
1952 ～ 1991 年、神戸市内の小学校に勤務
1953 年、「神戸作文の会」の結成に加わり現在に至る
1967 年より「神戸子どもを守る会」の活動に加わり現在、会長代行
1993 年 5 ～ 8 月、「国民平和行進、東京～広島間、通し行進者
●著作
『1993 年夏、私の平和行進』（自費出版）
『作文どんどん書いたよ――表現意欲を育てる教室』「家族っていいいな――お母さん、お父さんは素晴らしい』『遊びは子どもの成長の糧――瞳が輝くとき、思考も行動も活性化する』（兵庫部落問題研究所＝現、兵庫人権問題研究所）
『子どもが夢中になる 50 の名場面――小さな子ども王国を地域・学校に』（清風堂書店）
『やる気を引き出す子育て・教育――教育「改革」3 法への疑問から』（日本機関紙出版センター）
『小学生と非行――指導の道すじと実践例』（共著、民衆社）

●連絡先　〒 654-0075　神戸市須磨区潮見台町 5 丁目 10 － 1
TEL・FAX：078-731-7491

書《か》く意欲《いよく》を育《そだ》てる作文指導《さくぶんしどう》
――ありのままの思《おも》いや暮《く》らしを書《か》き綴《つづ》らせることの大切《たいせつ》さ――

発行日　2010年6月30日　初版第1刷発行

著　者　田《た》中《なか》敏《とし》夫《お》

発行者　比留川　洋
発行所　株式会社　本の泉社
〒113-0033　東京都文京区本郷2-25-6
TEL.03-5800-8494　FAX.03-5800-5353
e-mail : mail@honnoizumi.co.jp
http//www.honnoizumi.co.jp/
印　刷　株式会社 エーヴィスシステムズ
製　本　株式会社 難波製本

乱丁本・落丁本はお取り替えいたします。
本書の一部あるいは全部について、著作者から文書による承諾を得ずに、いかなる方法においても無断で転載・複写・複製することは固く禁じられています。

© Toshio TANAKA 2010 , Printed in Japan　ISBN978-4-7807-0468-6

好評発売中！　本の泉社の本

学年別子ども詩集「どんなもんだい！　2年生」
日本作文の会編集委員会　編集
定価：2300円（税込・5巻セット）

学年別子ども詩集「スマイルでゴー！　4年生」
日本作文の会編集委員会　編集
定価：2300円（税込・5巻セット）

学年別子ども詩集「あいラブ　6年生」
日本作文の会編集委員会　編集
定価：2300円（税込・5巻セット）

雀の涙
――教師の友・365日　改訂版
伊藤源吾　著
定価：1365円（税込）

田中の家に犬がくる
飯塚祥則　著
定価：1000円（税込）

続・子どもと読みたい100の児童詩
聞いてよ！　こころのつぶやきと叫び
村山士郎　編著
定価：1365円（税込）

豊かなことば育ちが心と学力の基礎
村山士郎　著
定価：1365円（税込）

外国からの子どもたちと共に　改訂版
井上恵子　著
定価：1575円（税込）

好評発売中！　本の泉社の本

小学校学習漢字1006字が
すべて読める漢字童話
文・絵　井上憲雄
定価：1050円（税込）

中学校学習漢字939字が
すべて読める漢字童話
文・絵　井上憲雄
定価：1050円（税込）

教師を生きる
――子どもの作品に心の声を聴く――
大前　忍　著
定価：1200円（税込）

池の原フリースクール日記
もうひとつの家族　ドアのない部屋から
沓名華智・沓名和子　編著
定価：1500円（税込）

子どもたちのための明日
丸木政臣　著
定価：1800円（税込）

愛の教師
――ペスタロッチーに学ぶ
本田　功　著
定価：1500円（税込）

ノーベル物理学賞受賞記念
益川敏英と科学の仲間
『日本の科学者』編集委員会　編
定価：1575円（税込）

月刊　作文と教育
日本作文の会　編
定価：820円（税込）